시즈의
일본어
히라가나
가타카나
쓰기노트

시즈의 일본어
히라가나 가타카나
쓰기노트

초판 1쇄 인쇄 2024년 8월 10일
초판 1쇄 발행 2024년 8월 23일

지은이   김연진(시즈)
펴낸이   서덕일
펴낸곳   오르비타

출판등록   1962. 7. 12 (제406-1962-1호)
주소   경기도 파주시 회동길 366, 3층 (10881)
전화   (02)499-1281~2 팩스 (02)499-1283
전자우편   info@moonyelim.com
홈페이지   www.moonyelim.com

ISBN 979-11-974330-6-1(13730)
값 12,000원

당신의 성장을 위한 비타민, 오르비타

Hiragana

시즈의
일본어
히라가나
가타카나
쓰기노트

김연진 지음

Katakana

오르비타

Contents

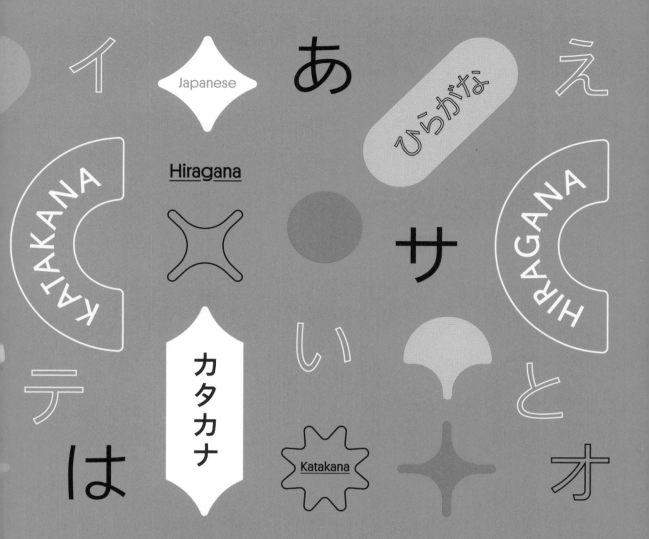

イ

Japanese

あ

ひらがな

え

Hiragana

サ

KATAKANA

HIRAGANA

い

は

カタカナ

Katakana

と

オ

일본어

한글은 '자음'과 '모음'의 조합으로 하나의 글자를 만드는 데 일본어의
문자들은 각 글자마다 하나의 소리를 갖고 있어요.

✦ ● ◆ ✕ ✳

일본어의 문자

우리말에서는 '한글'이라는 한 가지 글자가 사용되지만 일본어는 세 가지 문자를 사용합니다. 또한 '자음'과 '모음'의 조합으로 하나의 글자를 만드는 한글과 달리 일본어의 문자들은 각 글자마다 하나의 소리를 갖고 있어요. 때문에 각 글자들이 갖고 있는 발음을 정확히 암기하고 약간의 발음규칙만 숙지한다면 일본어 문장을 어렵지 않게 읽을 수 있답니다.

그럼 일본어에서는 어떤 글자가 사용되는지 하나씩 살펴볼까요?

1. ひらがな(히라가나)와 カタカナ(가타카나)

'히라가나'는 가장 기본이 되는 일본어의 문자로 동글동글한 느낌이 특징입니다. 가장 많이 사용하는 글자이므로 충분히 암기한 후에 일본어 공부를 시작하는 것을 권합니다.

'가타카나'는 히라가나에 비해 반듯반듯 각이 진 모양의 글자입니다. 주로 외래어를 표기할 때 사용하며 강조하고 싶은 단어를 '가타카나'로 표기하기도 해요.

히라가나와 가타카나는 영어의 소문자와 대문자 같은 느낌이라고 생각하시면 됩니다. 같은 발음의 글자가 두 종류 있는 것이죠. 히라가나에 비하면 가타카나는 사용 빈도가 낮기 때문에 처음부터 완벽하게 암기할 필요는 없습니다. 일본어 공부를 본격적으로 시작하면서 천천히 외워도 좋아요.

2. 漢字(한자)

일본어도 우리말과 마찬가지로 '한자문화권'이라는 건 들어 보셨죠? 우리말에서는 모든 단어를 한글로만 표기하지만 일본어에서는 한자를 섞어서 표기한답니다. 우리말과 동일하게 사용하는 한자어도 상당히 많기 때문에 한자만 잘 알아도 일본어 공부가 수월해져요.

일본어 문장에서 한자를 어떻게 사용하는지 이해하기 쉽게 우리말로 표현해 볼게요.

○ 私는 中学生입니다.
　(저는 중학생입니다)

○ 우리 学校에는 木가 多아요.
　(우리 학교에는 나무가 많아요)

○ 週末에는 家族과 함께 日本料理를 食었어요.
　(주말에는 가족과 함께 일본요리를 먹었어요)

이런 식으로 문장 중간중간에 한자가 섞여있기 때문에 한자를 잘 알고 있는 학습자라면 일본어를 모르더라도 문장의 의미를 대충 짐작할 수 있지요.

학교에서 한자를 배운 적이 있고 한자에 대한 기본 지식을 어느 정도 갖고 있다면 한자에 대한 부담이 덜하겠지만, 한자를 한 번도 배워본 적이 없는 학습자라면 한자 때문에 일본어가 어렵다고 느껴질 수도 있어요. 일본어 공부를 시작하기에 앞서 기초 한자를 한 번쯤 공부해 본다면 일본어 공부에도 많은 도움이 된답니다.

오십음도

히라가나와 가타카나는 각각 50개의 글자로 이루어져 있기 때문에 '오십음도'라고 합니다. 하지만 50개의 글자 중 현재는 사용되지 않는 글자들도 있어서 실제로는 46개만 쓰이고 있습니다.

	a단	i단	u단	e단	o단
a행	あ 아 a	い 이 i	う 우 u	え 에 e	お 오 o
ka행	か 카 ka	き 키 ki	く 쿠 ku	け 케 ke	こ 코 ko
sa행	さ 사 sa	し 시 shi	す 스 su	せ 세 se	そ 소 so
ta행	た 타 ta	ち 치 chi	つ 츠 tsu	て 테 te	と 토 to
na행	な 나 na	に 니 ni	ぬ 누 nu	ね 네 ne	の 노 no
ha행	は 하 ha	ひ 히 hi	ふ 후 fu	へ 헤 he	ほ 호 ho
ma행	ま 마 ma	み 미 mi	む 무 mu	め 메 me	も 모 mo
ya행	や 야 ya		ゆ 유 yu		よ 요 yo
ra행	ら 라 ra	り 리 ri	る 루 ru	れ 레 re	ろ 로 ro
wa행	わ 와 wa				を 오 o
	ん 응 n				

가타카나 오십음도 표

	a단	i단	u단	e단	o단
a행	ア 아 a	イ 이 i	ウ 우 u	エ 에 e	オ 오 o
ka행	カ 카 ka	キ 키 ki	ク 쿠 ku	ケ 케 ke	コ 코 ko
sa행	サ 사 sa	シ 시 shi	ス 스 su	セ 세 se	ソ 소 so
ta행	タ 타 ta	チ 치 chi	ツ 츠 tsu	テ 테 te	ト 토 to
na행	ナ 나 na	ニ 니 ni	ヌ 누 nu	ネ 네 ne	ノ 노 no
ha행	ハ 하 ha	ヒ 히 hi	フ 후 fu	ヘ 헤 he	ホ 호 ho
ma행	マ 마 ma	ミ 미 mi	ム 무 mu	メ 메 me	モ 모 mo
ya행	ヤ 야 ya		ユ 유 yu		ヨ 요 yo
ra행	ラ 라 ra	リ 리 ri	ル 루 ru	レ 레 re	ロ 로 ro
wa행	ワ 와 wa				ヲ 오 o
	ン 응 n				

이 표에 보이는 글자들이 앞으로 공부해야 할 일본어의 문자입니다. 오십음도 표를 살펴보면 '행'은 자음이 같은 글자들, '단'은 모음이 같은 글자들이 모여있다는 것을 알 수 있어요. 자음과 모음의 조합으로 하나의 글자를 만드는 우리말과 달리 히라가나와 가타카나는 각 글자마다 하나의 발음을 갖고 있지요.

이 글자들이 가장 기본이 되는 발음이며, 여기에 몇 가지 표기법과 발음규칙이 더해져 좀더 다양한 발음을 글자로 표기할 수 있습니다.

히라가나와 가타카나를 완벽하게 암기하기 전까지는 오십음도 표를 가까이 두고 모르는 글자를 찾아보며 공부하시길 바랍니다.

Quick ✳
Response ✦
Code

히라가나 가타카나 연습이 더 필요한
독자분은 아래 링크에서 자료를 받으세요.
시즈의 손글씨로 연습할 수 있는
굿노트(PDF)를 다운로드 할 수 있습니다.

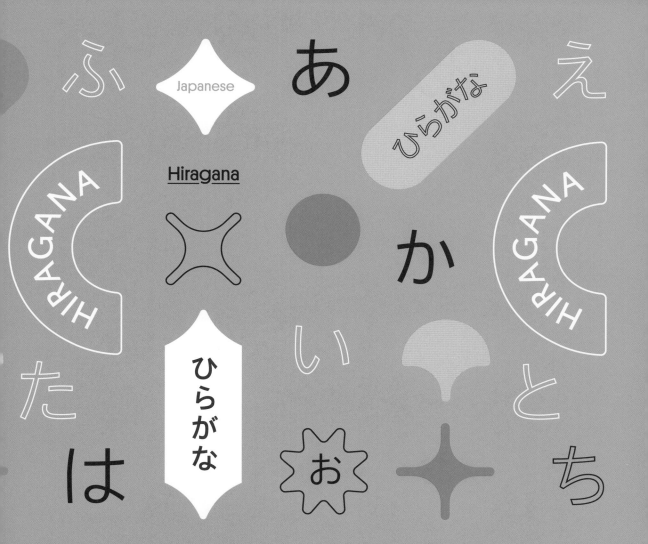

Japanese

Hiragana

ひらがな

ひらがな

あ
か
い
お

앞서 오십음도 표에서 보았던 기본 발음을 '청음'이라고 합니다.
각 행 별로 글자와 발음을 공부해 보아요.

✦ ● ◆ ✕ ✳

Hiragana

あ행

우리말의 '아, 이, 우, 에, 오'와 비슷하게 발음되는 글자입니다. 자음이 들어있지 않은 모음 글자로, 일본어의 모음은 이렇게 다섯 가지라고 보시면 돼요. う는 우리말 [우]와 [으]의 중간 느낌으로 발음해야 하는데요. 앞으로 공부할 다른 う단 글자들도 모음 ㅜ와 ㅡ의 중간 발음이라고 생각하시면 됩니다.

あ

우리말 [아]와 비슷합니다. 십자 모양으로 쓴 다음 3획은 세로선에 걸치도록 둥글게 씁니다.
히라가나 お(오)와 비슷하므로 잘 구분해야 해요.

あ	あ					
あ	あ					
あ	あ					
あ	あ					
あ	あ					
あ	あ					
あ	あ					
あ	あ					

우리말 [이] 발음과 비슷합니다. 첫번째 획은 아래에 살짝 삐침이 들어갑니다. 1획을 길게, 2획을 짧게 쓰는 것이 포인트예요. 히라가나 り(리)와 헷갈리지 않도록 주의합니다.

い	い			
い	い			
い	い			
い	い			
い	い			
い	い			
い	い			
い	い			

う와 [으]의 중간 정도 발음입니다. 입술을 너무 내밀지 말고 가볍게 발음을 합니다.
두번째 획은 둥글게 구부려 쓰세요. 각이 있으면 가타카나 ラ(라)와 헷갈릴 수 있습니다.

う	う				
う	う				
う	う				
う	う				
う	う				
う	う				
う	う				
う	う				

우리말 [에]와 비슷한 발음입니다. 두번째 획은 숫자 2를 쓰듯이 한번에 이어서 씁니다.

え	え				
え	え				
え	え				
え	え				
え	え				
え	え				
え	え				
え	え				

우리말 [오]와 비슷하지만, 입을 내밀지 않고 발음합니다. 꼬리를 너무 아래로 내리면
히라가나 す(스)와 헷갈릴 수 있으니 주의하세요.

お	お			
お	お			
お	お			
お	お			
お	お			
お	お			
お	お			
お	お			

연습문제

다음 일본어 단어를 우리말 발음으로 적어보세요.

1. あい(사랑)

······································

あい　あい

2. あお(파랑)

······································

あお　あお

3. うえ(위)

······································

うえ　うえ

4. うお(물고기)

······································

うお　うお

5. いえ(집)

······································

いえ　いえ

6. おい(남자조카)

······································

おい　おい

7. いい(좋다)

······································

いい　いい

8. おおい(많다)

······································

おおい　おおい

9. あおい(파랗다)

······································

あおい　あおい

10. あう(만나다)

······································

あう　あう

정답 ✛ ● ◆ ✕ ✳

1. 아이　　2. 아오　　3. 우에　　4. 우오　　5. 이에
6. 오이　　7. 이이　　8. 오오이　　9. 아오이　　10. 아우

Hiragana ✳ Pop ✦ Quiz

히라가나 오십음도 표를 참고하여 해당 글자를 찾아 다섯 개의 빈 칸에 채우고 익혀 봅니다.

あ か さ た な は ま や ● わ ん
い き し ◆ に ひ み り
● く す つ ぬ ふ む ゆ る
え け せ て ね へ ✳ れ ◆
お こ そ と の ほ も よ ◆ を

Hiragana

き く か こ け

ひらがな HIRAGANA ひらがな

か행

우리말 '카, 키, 쿠, 케, 코'와 비슷하게 발음되는 글자입니다. 자음 ㅋ으로 표기하지만 실제 발음은 글자 위치에 따라 조금씩 달라져요. 첫글자에 사용되면 ㄱ과 ㅋ의 중간 발음, 다른 글자 뒤에 쓰이면 ㄲ에 가까운 발음이에요. 우리말에서는 ㄱ, ㅋ, ㄲ 각각 별개의 발음으로 구분되지만 일본어에서는 구분 없이 모두 か행 하나의 발음입니다.

か ✳ 카 ka

っ カ か

우리말 [가]와 [카]의 중간 정도, 또는 [까]에 가깝게 발음합니다. 첫번째 획이 각지지 않도록
둥글게 굴려서 쓰세요.

か	か			
か	か			
か	か			
か	か			
か	か			
か	か			
か	か			
か	か			

き **키** ki

우리말 [기]와 [키]의 중간 정도, 또는 [끼]에 가깝게 발음합니다. 3획과 4획은 띄어서 쓰는 것이 일반적이나 붙어있는 글씨체도 있습니다.

き	き				
き	き				
き	き				
き	き				
き	き				
き	き				
き	き				
き	き				

く 자음은 [구]와 [쿠]의 중간 정도, 또는 [꾸]에 가깝게 발음합니다. 모음은 う(우)를 발음할 때와 마찬가지로 입술을 너무 내밀지 않고 [쿠]와 [크]의 중간 정도로 발음합니다.

け 우리말 [게]와 [케]의 중간 정도, 또는 [께]에 가깝게 발음합니다. 세번째 획은 아랫부분을
왼쪽으로 살짝 구부려주세요.

け	け				
け	け				
け	け				
け	け				
け	け				
け	け				
け	け				
け	け				

こ 우리말 [고]와 [코]의 중간 정도, 또는 [꼬]에 가깝게 발음합니다. 첫번째 획과 두번째 획이
붙지 않도록 확실하게 끊어서 쓰세요. 붙여서 쓸 경우 히라가나 て(테)와 비슷해집니다.

こ	こ							
こ	こ							
こ	こ							
こ	こ							
こ	こ							
こ	こ							
こ	こ							
こ	こ							

연습문제

다음 일본어 단어를 우리말 발음으로 적어보세요.

1. き(나무)

....

き き

2. か(모기)

....

か か

3. け(털)

....

け け

4. ここ(여기)

....

ここ ここ

5. あき(가을)

....

あき あき

6. おか(언덕)

....

おか おか

7. こえ(목소리)

....

こえ こえ

8. えき(역)

....

えき えき

9. かお(얼굴)

....

かお かお

10. かこ(과거)

....

かこ かこ

11. いけ(연못)

....

いけ いけ

12. かき(감)

....

かき かき

13. きおく(기억)

きおく　きおく

14. いきおい(기세)

いきおい　いきおい

15. きかい(기계)

きかい　きかい

16. くうき(공기)

くうき　くう

17. おおきい(크다)

おおきい　おおきい

18. あかい(빨갛다)

あかい　あかい

19. かく(쓰다)

かく　かく

20. いく(가다)

いく　いく

21. かう(사다)

かう　かう

22. きく(듣다)

きく　きく

정답 ✚●◆✕✹

1. 키　　　　　2. 카　　　　　3. 케　　　　　4. 코코　　　　　5. 아키
6. 오카　　　　7. 코에　　　　8. 에키　　　　9. 카오　　　　　10. 카코
11. 이케　　　12. 카키　　　　13. 키오쿠　　　14. 이키오이　　　15. 키카이
16. 쿠우키　　17. 오오키이　　18. 아카이　　　19. 카쿠　　　　　20. 이쿠
21. 카우　　　22. 키쿠

Hiragana

さ행

우리말 '사, 시, 스, 세, 소'와 비슷한 발음입니다. し는 알파벳 'shi'로 표기하지만 '쉬'가 아닌 '시'에 가깝게 발음합니다. す는 로마자 'su'로 표기하지만 우리말에서는 '수'가 아닌 '스'로 표기하며 실제 발음은 '스'와 '수'의 중간이라고 생각하시면 됩니다. 원어민 발음을 많이 듣고 따라하며 연습해 보세요.

우리말 [사] 발음과 비슷합니다. 2획과 3획은 띄어서 쓰는 게 일반적이나 붙어있는 글씨체도 있습니다. 히라가나 き(키)와 헷갈리지 않도록 주의하세요.

우리말 [시] 발음과 비슷합니다. 낚시바늘 모양처럼 아래쪽을 둥글게 굴려서 쓰세요. 각이
지게 쓰면 가타카나 レ(레)가 되니 주의합니다.

す 스 su

우리말 [스]와 [수]의 중간 발음입니다. 입술을 너무 내밀지 말고 가볍게 [수]라고 발음하세요.
2획은 돼지꼬리처럼 동글게 굴려서 아래쪽 방향으로 빼줍니다.

す	す					
す	す					
す	す					
す	す					
す	す					
す	す					
す	す					
す	す					

せ

우리말 [세] 발음과 비슷합니다. 한자 也(어조사 야)와 비슷하게 생겼는데 첫번째 획은
직선으로만 그어야 해요. 오른쪽에서 꺾지 않도록 주의합니다.

せ	せ					
せ	せ					
せ	せ					
せ	せ					
せ	せ					
せ	せ					
せ	せ					
せ	せ					

そ 우리말 [소] 발음과 비슷합니다. 글자 전체를 한 획으로 이어서 쓰는 것이 일반적이지만 제일 위에 있는 가로선을 분리하여 2획으로 쓰는 글씨체도 있습니다.

そ	そ				
そ	そ				
そ	そ				
そ	そ				
そ	そ				
そ	そ				
そ	そ				
そ	そ				

연습문제

다음 일본어 단어를 우리말 발음으로 적어보세요.

1. すし(초밥)

·····

すし　すし

2. えさ(먹이)

·····

えさ　えさ

3. あさ(아침)

·····

あさ　あさ

4. かさ(우산)

·····

かさ　かさ

5. あせ(땀)

·····

あせ　あせ

6. いす(의자)

·····

いす　いす

7. うそ(거짓말)

·····

うそ　うそ

8. さき(앞)

·····

さき　さき

9. いし(돌)

·····

いし　いし

10. せき(기침)

·····

せき　せき

11. しお(소금)

·····

しお　しお

12. あそこ(저기)

·····

あそこ　あそこ

13. すいか(수박)

すいか すいか

14. せかい(세계)

せかい せかい

15. けしき(경치)

けしき けしき

16. きそく(규칙)

きそく きそく

17. こくさい(국제)

こくさい こくさい

18. うすい(얇다. 연하다)

うすい うすい

19. おそい(늦다)

おそい おそい

20. おいしい(맛있다)

おいしい おいしい

21. さく(꽃이 피다)

さく さく

22. けす(지우다)

けす けす

정답 ✤●◆✕✹

1. 스시	2. 에사	3. 아사	4. 카사	5. 아세
6. 이스	7. 우소	8. 사키	9. 이시	10. 세키
11. 시오	12. 아소코	13. 스이카	14. 세카이	15. 케시키
16. 키소쿠	17. 코쿠사이	18. 우스이	19. 오소이	20. 오이시이
21. 사쿠	22. 케스			

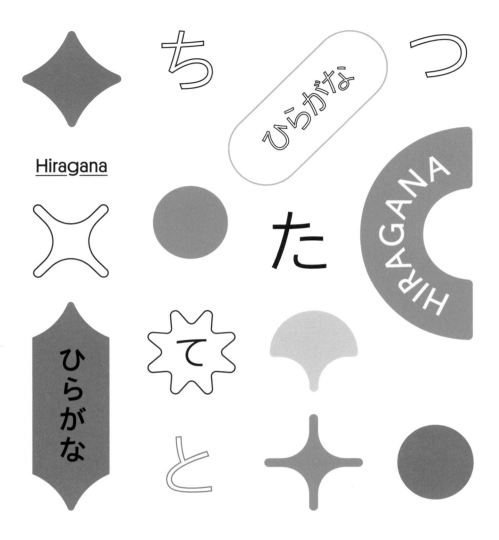

Hiragana

ひらがな

HIRAGANA

ひらがな

た행

기본 발음은 '타, 치, 츠, 테, 토' 입니다. ㅌ 또는 ㄸ으로 발음되는 행인데 い단의 ち는 '티'가 아닌 '치', う단의 つ는 '트'가 아닌 '츠'로 발음되는 점에 주의해야 해요.

た/て/と : 단어 첫글자에 사용되면 ㄷ과 ㅌ의 중간 발음으로 ㅌ 보다는 살짝 약하게, 다른 글자 뒤에 사용될 경우에는 ㄸ에 가깝게 발음합니다. 우리말에서는 ㄷ, ㅌ, ㄸ 각각 다른 발음이지만 일본어에서는 모두 같은 た행 발음으로 인식됩니다.

た

타
ta

一 ナ た た

우리말 [다]와 [타]의 중간 정도, 또는 [따]에 가까운 발음입니다. 2획은 직각이 아닌 약간 왼쪽 방향으로 내려가며 써야 합니다. 히라가나 に(니)와 헷갈리지 않도록 주의하세요.

た	た				
た	た				
た	た				
た	た				
た	た				
た	た				
た	た				
た	た				

ち ち chi

우리말 [지]와 [치]의 중간 정도, 또는 [찌]에 가까운 발음입니다. 히라가나 さ(사)와 대칭되는
모양이니 헷갈리지 않도록 주의하며, さ는 3획이지만 ち는 숫자 5를 쓰듯이 2획으로 씁니다.

ち	ち					
ち	ち					
ち	ち					
ち	ち					
ち	ち					
ち	ち					
ち	ち					
ち	ち					

우리말의 [츠 / 쯔 / 트]가 섞여있는 듯한 발음입니다. 우리말의 외래어 표기법에서는 '쓰'로
표기하지만 이 교재에서는 실제 발음에 가까운 '츠'로 표기합니다.

つ	つ					
つ	つ					
つ	つ					
つ	つ					
つ	つ					
つ	つ					
つ	つ					
つ	つ					

て 우리말 [데]와 [테]의 중간 정도 또는 [떼]에 가까운 발음입니다. 가로선을 그은 후 곧장
왼쪽으로 둥글게 이어서 1획으로 씁니다.

て	て				
て	て				
て	て				
て	て				
て	て				
て	て				
て	て				
て	て				

と 우리말 [도]와 [토]의 중간 정도 또는 [또]에 가까운 발음입니다. 1획과 2획의 선이 붙도록
쓰는데 겹쳐지지 않도록 주의합니다.

と	と					
と	と					
と	と					
と	と					
と	と					
と	と					
と	と					
と	と					

연습문제

다음 일본어 단어를 우리말 발음으로 적어보세요. (정답 표기는 편의상 ㅌ/ㅊ으로 통일)

1. て(손)

てて

2. つち(흙)

つち つち

3. とち(토지)

とち とち

4. たて(세로)

たて たて

5. うた(노래)

うた うた

6. とき(때)

とき とき

7. くち(입)

くち くち

8. つき(달)

つき つき

9. そと(밖)

そと そと

10. うち(안)

うち うち

11. かたち(모양)

かたち かたち

12. つくえ(책상)

つくえ つくえ

13. ちこく(지각)

....

ちこく　ちこく

14. おととい(그저께)

....

おととい　おととい

15. たいせつ(소중함)

....

たいせつ　たいせつ

16. ちかてつ(지하철)

....

ちかてつ　ちかてつ

17. とおい(멀다)

....

とおい　とおい

18. ちいさい(작다)

....

ちいさい　ちいさい

19. あたたかい(따뜻하다)

....

あたたかい　あたたかい

20. うつくしい(아름답다)

....

うつくしい　うつくしい

21. たつ(서다)

....

たつ　たつ

22. つかう(사용하다)

....

つかう　つかう

정답 ✚ ● ◆ ✕ ✳

1. 테	2. 츠치	3. 토치	4. 타테	5. 우타
6. 토키	7. 쿠치	8. 츠키	9. 소토	10. 우치
11. 카타치	12. 츠쿠에	13. 치코쿠	14. 오토토이	15. 타이세츠
16. 치카테츠	17. 토오이	18. 치이사이	19. 아타타카이	20. 우츠쿠시이
21. 타츠	22. 츠카우			

Hiragana

な행

우리말의 '나, 니, 누, 네, 노'와 비슷한 발음으로 자음 'ㄴ'에 해당하는 글자들입니다. 동그랗게
둥글리는 획이 많아 처음 쓸 때는 어렵게 느껴질 수 있어요. 손으로 많이 써보며 익히도록
합시다.

な ✦ 나 na

一 ナ か な

우리말 [나]와 비슷한 발음입니다. 3획과 4획이 붙어있는 것처럼 보이는 글씨체도 있어요.

な	な			
な	な			
な	な			
な	な			
な	な			
な	な			
な	な			
な	な			

に ❀ 니 ni

우리말 [니]와 비슷한 발음이며, 히라가나 た와 헷갈리지 않도록 주의해야 합니다. 2획과
3획은 こ를 쓰는 요령과 마찬가지로 획이 붙지 않도록 띄어서 씁니다.

に	に			
に	に			
に	に			
に	に			
に	に			
に	に			
に	に			
に	に			

우리말 [누]와 [느]의 중간 정도 발음입니다. 입술을 너무 내밀지 말고 가볍게 [누]로
발음하세요. 히라가나 め(메)와 헷갈리지 않도록 주의하세요.

ぬ	ぬ			
ぬ	ぬ			
ぬ	ぬ			
ぬ	ぬ			
ぬ	ぬ			
ぬ	ぬ			
ぬ	ぬ			
ぬ	ぬ			

우리말 [네]와 비슷한 발음입니다. 1획은 세로선을 긋고, 2획은 한번에 이어서 써요. 히라가나 れ(레), わ(와)와 비슷하니 주의하세요.

ね	ね			
ね	ね			
ね	ね			
ね	ね			
ね	ね			
ね	ね			
ね	ね			
ね	ね			

우리말 [노]와 비슷한 발음입니다. 동그라미가 되지 않도록 아래쪽에 공간을 남겨두고 쓰세요.

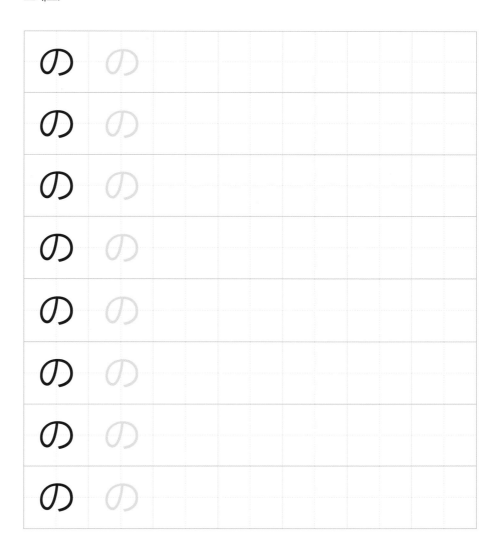

다음 일본어 단어를 우리말 발음으로 적어보세요.

1. なか(안. 속)

··

なか　なか

2. にし(서쪽)

··

にし　にし

3. なつ(여름)

··

なつ　なつ

4. くに(나라)

··

くに　くに

5. あね(언니. 누나)

··

あね　あね

6. あに(형. 오빠)

··

あに　あに

7. いぬ(개)

··

いぬ　いぬ

8. ねこ(고양이)

··

ねこ　ねこ

9. つの(뿔)

··

つの　つの

10. ねつ(열)

··

ねつ　ねつ

11. におい(냄새)

··

におい　におい

12. あにき(형님)

··

あにき　あにき

13. いなか(시골)

いなか　いなか

14. きのこ(버섯)

きのこ　きのこ

15. こいぬ(강아지)

こいぬ　こいぬ

16. さかな(생선)

さかな　さかな

17. にこにこ(생긋생긋)

にこにこ　にこにこ

18. たのしい(즐겁다)

たのしい　たのしい

19. おとなしい(어른스럽다)

おとなしい　おとなしい

20. しぬ(죽다)

しぬ　しぬ

21. なく(울다)

なく　なく

22. にあう(어울리다)

にあう　にあう

정답 ✦●◆✕❋

1. 나카	2. 니시	3. 나츠	4. 쿠니	5. 아네
6. 아니	7. 이누	8. 네코	9. 츠노	10. 네츠
11. 니오이	12. 아니키	13. 이나카	14. 키노코	15. 코이누
16. 사카나	17. 니코니코	18. 타노시이	19. 오토나시이	20. 시누
21. 나쿠	22. 니아우			

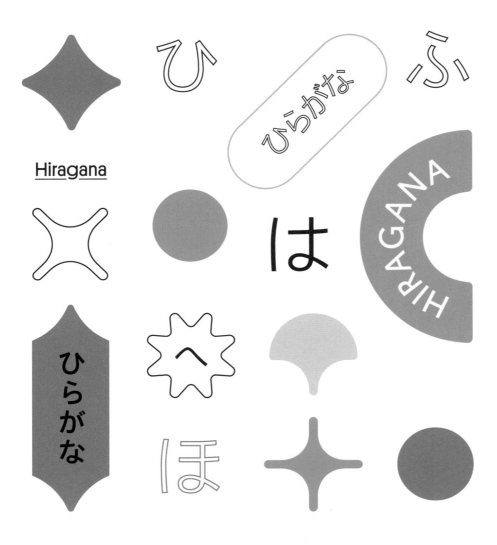

Hiragana

は행

우리말 '하, 히, 후, 헤, 호'와 비슷한 발음으로 자음 'ㅎ'에 해당하는 글자들입니다. ふ의 로마자 표기는 fu이지만 실제 발음은 영어의 'f' 보다는 'ㅎ' 발음에 가깝습니다. は(ha)와 へ(he)는 조사로 사용될 때 발음이 달라지기 때문에 주의가 필요합니다.

は 하
ha

우리말 [하]와 비슷한 발음입니다. 히라가나 ほ(호)와 비슷하니 주의하세요. 조사로 사용될 때는 [와]로 읽어요.

は	は		
は	は		
は	は		
は	は		
は	は		
は	は		
は	は		
は	は		

ひ 우리말 [히]와 비슷한 발음입니다. 왼쪽에서 오른쪽 방향으로 짧은 선, 둥근 선, 짧은
선까지 한 획으로 쭉 이어서 씁니다.

ひ	ひ				
ひ	ひ				
ひ	ひ				
ひ	ひ				
ひ	ひ				
ひ	ひ				
ひ	ひ				
ひ	ひ				

우리말 [후]와 [흐]의 중간 정도 발음입니다. 입을 너무 내밀지 말고 가볍게 [후]로 발음하세요.
1획과 2획은 따로 띄어서 쓰지만 이어서 쓰는 경우도 있어요.

ふ	ふ			
ふ	ふ			
ふ	ふ			
ふ	ふ			
ふ	ふ			
ふ	ふ			
ふ	ふ			
ふ	ふ			

へ 우리말 [헤]와 비슷한 발음입니다. 조사로 사용될 때는 [에]로 읽어요. 한 획으로 이어서
쓰는데 왼쪽 선은 짧게, 오른쪽 선을 길게 씁니다.

ほ 호 ho

우리말 [호]와 비슷한 발음입니다. 4획의 윗부분이 가로선보다 위로 올라가지 않도록
주의하세요.

ほ	ほ			
ほ	ほ			
ほ	ほ			
ほ	ほ			
ほ	ほ			
ほ	ほ			
ほ	ほ			
ほ	ほ			

연습문제

다음 일본어 단어를 우리말 발음으로 적어보세요.

1. はは(어머니)

···
はは　はは

2. ひふ(피부)

···
ひふ　ひふ

3. ほし(별)

···
ほし　ほし

4. へそ(배꼽)

···
へそ　へそ

5. はし(젓가락)

···
はし　はし

6. ふね(배)

···
ふね　ふね

7. へた(서투름)

···
へた　へた

8. ほね(뼈)

···
ほね　ほね

9. ひな(새끼 새)

···
ひな　ひな

10. ふた(뚜껑)

···
ふた　ふた

11. はたち(스무살)

···
はたち　はたち

12. さいふ(지갑)

···
さいふ　さいふ

13. ふうふ(부부)

ふうふ　ふうふ

14. へとへと(몹시 지침)

へとへと　へとへと

15. ひそかに(몰래)

ひそかに　ひそかに

16. ほかほか(따끈따끈)

ほかほか　ほかほか

17. ふかい(깊다)

ひな　ひな

18. ひくい(낮다)

ふつう　ふつう

19. ほそい(가늘다)

へいき　へいき

20. ふとい(굵다)

はあく　はあく

21. ほす(말리다)

ほす　ほす

22. はなす(말하다)

はなす　はなす

정답 ✚ ● ◆ ✕ ✱

1. 하하　　　2. 히후　　　3. 호시　　　4. 헤소　　　5. 하시
6. 후네　　　7. 헤타　　　8. 호네　　　9. 히나　　　10. 후타
11. 하타치　　12. 사이후　　13. 후우후　　14. 헤토헤토　15. 히소카니
16. 호카호카　17. 후카이　　18. 히쿠이　　19. 호소이　　20. 후토이
21. 호스　　　22. 하나스

ま

ひらがな

Hiragana

み

む

HIRAGANA

ひらがな

め

も

ま행

'마, 미, 무, 메, 모'와 비슷한 발음으로 자음 'ㅁ'에 해당하는 글자들입니다. う단의 む(mu) 발음만 주의한다면 특별히 어렵지 않은 발음이에요.

ま 우리말 [마] 발음과 비슷합니다. 세번째 획이 첫번째 획인 가로선 위로 확실하게
올라가도록 써야 합니다. 아래쪽에서는 둥글게 굴려주세요.

ま	ま				
ま	ま				
ま	ま				
ま	ま				
ま	ま				
ま	ま				
ま	ま				
ま	ま				

み 우리말 [미] 발음과 비슷합니다. 한번에 쭉 써야 하는 첫번째 획이 다소 어려울 수 있으니
잘 살펴보고 연습하세요. 손에 익을 때까지 많이 써봐야 해요.

み	み					
み	み					
み	み					
み	み					
み	み					
み	み					
み	み					
み	み					

우리말 [무]와 [므]의 중간 정도 발음입니다. 입술을 너무 내밀지 말고 가볍게 [무] 발음을 하세요. 두번째 획과 세번째 획이 이어져있는 글씨체도 있습니다.

む	む					
む	む					
む	む					
む	む					
む	む					
む	む					
む	む					
む	む					

め [메] me

우리말 [메] 발음과 비슷합니다. 히라가나 の(노), ぬ(누)와 비슷하니 헷갈리지 않도록
주의하세요.

め	め			
め	め			
め	め			
め	め			
め	め			
め	め			
め	め			
め	め			

우리말 [모] 발음과 비슷합니다. 2획과 3획의 가로선이 세로선 중간 즈음에 위치하도록 써야
합니다.

も	も			
も	も			
も	も			
も	も			
も	も			
も	も			
も	も			
も	も			

연습문제

다음 일본어 단어를 우리말 발음으로 적어보세요.

1. め(눈)

　　め　め

2. もも(복숭아)

　　もも　もも

3. みみ(귀)

　　みみ　みみ

4. うま(말)

　　うま　うま

5. むし(벌레)

　　むし　むし

6. うみ(바다)

　　うみ　うみ

7. あめ(비)

　　あめ　あめ

8. むかし(옛날)

　　むかし　むかし

9. あたま(머리)

　　あたま　あたま

10. なまえ(이름)

　　なまえ　なまえ

11. にもつ(짐)

　　にもつ　にもつ

12. むすめ(딸)

　　むすめ　むすめ

13. みなみ(남쪽)

みなみ みなみ

14. ほほえみ(미소)

ほほえみ ほほえみ

15. もしもし(여보세요)

もしもし もしもし

16. まいにち(매일)

まいにち まいにち

17. おもい(무겁다)

おもい おもい

18. ねむい(졸리다)

ねむい ねむい

19. せまい(좁다)

せまい せまい

20. のむ(마시다)

のむ のむ

21. ふむ(밟다)

ふむ ふむ

22. まつ(기다리다)

まつ まつ

정답 ✚●◆✕✳

1. 메	2. 모모	3. 미미	4. 우마	5. 무시
6. 우미	7. 아메	8. 무카시	9. 아타마	10. 나마에
11. 니모츠	12. 무스메	13. 미나미	14. 호호에미	15. 모시모시
16. 마이니치	17. 오모이	18. 네무이	19. 세마이	20. 노무
21. 후무	22. 마츠			

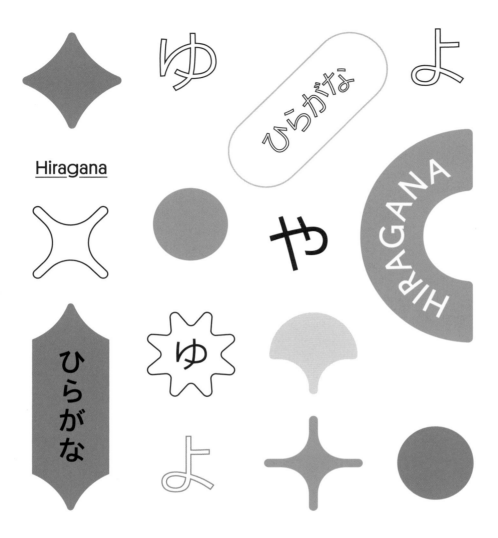

Hiragana

や행

우리말 '야, 유, 요'와 비슷한 발음으로 이중모음 또는 반모음이라고 합니다. や행도 옛날에는 5개의 글자가 있었지만 현재는 あ단, う단, お단 3개의 글자만 사용되고 있습니다.

や 우리말 [야] 발음과 비슷합니다. 2획은 짧게, 3획은 아랫쪽으로 길게 빼주세요. 2획과
3획이 연결되어 있는 글씨체도 있습니다.

や	や			
や	や			
や	や			
や	や			
や	や			
や	や			
や	や			
や	や			

우리말 [유] 발음과 비슷합니다. 2획은 직선이 아닌 부드러운 곡선으로 써야 해요. 1획과
2획이 하나로 연결된 글씨체도 있습니다.

ゆ	ゆ		
ゆ	ゆ		
ゆ	ゆ		
ゆ	ゆ		
ゆ	ゆ		
ゆ	ゆ		
ゆ	ゆ		
ゆ	ゆ		

우리말 [요] 발음과 비슷합니다. 1획의 왼쪽 끝에 맞춰 2획을 내려써야 써야 합니다. 십자 모양으로 겹치지 않도록 주의하세요.

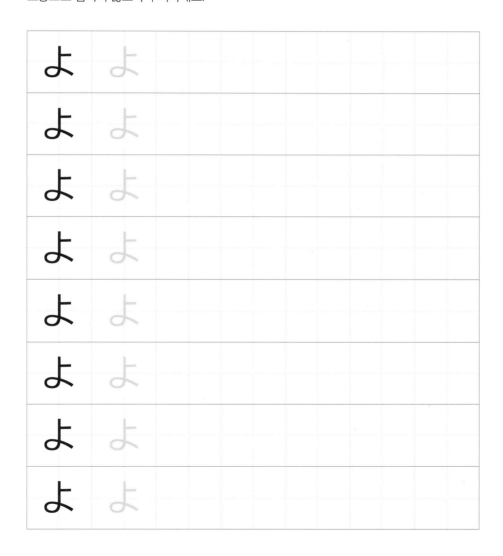

연습문제

다음 일본어 단어를 우리말 발음으로 적어보세요.

1. ゆめ(꿈)

....

ゆめ ゆめ

2. やみ(어둠)

....

やみ やみ

3. よこ(옆)

....

よこ よこ

4. ゆか(마루)

....

ゆか ゆか

5. やね(지붕)

....

やね やね

6. ゆき(내리는 눈)

....

ゆき ゆき

7. へや(방)

....

へや へや

8. つゆ(장마)

....

つゆ つゆ

9. やおや(채소가게)

....

やおや やおや

10. よやく(예약)

....

よやく よやく

11. やさい(야채)

....

やさい やさい

12. まふゆ(한겨울)

....

まふゆ まふゆ

73

13. ひよこ(병아리)

ひよこ ひよこ

14. やくそく(약속)

やくそく やくそく

15. ゆうやけ(저녁놀)

ゆうやけ ゆうやけ

16. よちよち(아장아장)

よちよち よちよち

17. やさしい(상냥하다)

やさしい やさしい

18. かゆい(가렵다)

かゆい かゆい

19. よむ(읽다)

よむ よむ

20. やすむ(쉬다)

やすむ やすむ

21. まよう(헤매다)

まよう まよう

22. なやむ(고민하다)

なやむ なやむ

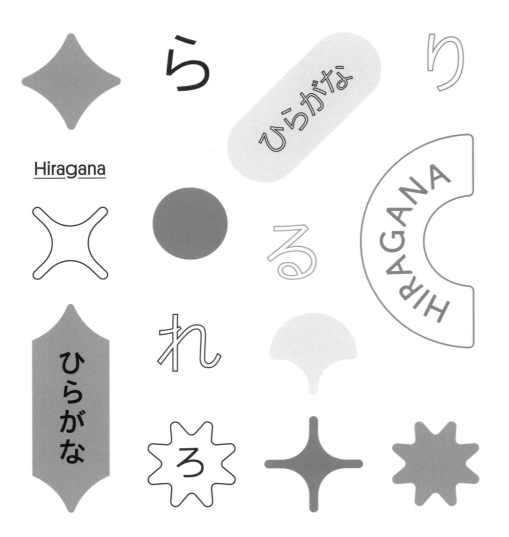

Hiragana

ひらがな

ら행

우리말 '라, 리, 루, 레, 로'와 비슷한 발음으로 자음 'ㄹ'에 해당하는 글자들입니다. 다른
글자들과 모양이 비슷해서 헷갈릴 수 있으니 읽고 쓰며 충분히 연습하도록 합니다.

우리말 [라] 발음과 비슷합니다. 2획의 세로선을 확실하게 써주세요. 너무 짧게 쓰면
히라가나 う(우)와 헷갈릴 수 있습니다.

ら	ら			
ら	ら			
ら	ら			
ら	ら			
ら	ら			
ら	ら			
ら	ら			
ら	ら			

우리말 [리] 발음과 비슷합니다. 1획은 아래쪽을 살짝 삐치고, 2획은 1획보다 길게 아래로
내려주세요. 1획의 삐침을 살리지 않으면 가타카나 リ(리)와 구분되지 않으니 주의합니다.

り	り	
り	り	
り	り	
り	り	
り	り	
り	り	
り	り	
り	り	

우리말 [루]와 [르]의 중간 정도 발음입니다. 입술을 너무 내밀지 말고 가볍게 [루] 발음을
하세요. 한 획으로 이어서 쓰는데 마지막에 동그랗게 말아줍니다.

る	る		
る	る		
る	る		
る	る		
る	る		
る	る		
る	る		
る	る		

우리말 [레] 발음과 비슷합니다. 2획의 끝부분을 살짝 올려주는 것이 포인트입니다. 히라가나 ね(네), わ(와)와 모양이 비슷하니 주의하세요.

れ	れ				
れ	れ				
れ	れ				
れ	れ				
れ	れ				
れ	れ				
れ	れ				
れ	れ				

ろ 로 ro

ろ

우리말 [로] 발음과 비슷합니다. 숫자 3과 비슷한데, 끝부분을 둥글게 말면 히라가나 る(루)가 되니 주의하세요.

ろ	ろ					
ろ	ろ					
ろ	ろ					
ろ	ろ					
ろ	ろ					
ろ	ろ					
ろ	ろ					
ろ	ろ					

다음 일본어 단어를 우리말 발음으로 적어보세요.

1. よる(밤)

よる　よる

2. はれ(맑음)

はれ　はれ

3. もり(숲)

もり　もり

4. はる(봄)

はる　はる

5. そら(하늘)

そら　そら

6. るす(부재중)

るす　るす

7. とり(새)

とり　とり

8. こころ(마음)

こころ　こころ

9. ちから(힘)

ちから　ちから

10. きろく(기록)

きろく　きろく

11. くすり(약)

くすり　くすり

12. みらい(미래)

みらい　みらい

81

13. くるま(자동차)

くるま　くるま

14. となり(옆)

となり　となり

15. れきし(역사)

れきし　れきし

16. きらきら(반짝반짝)

きらきら　きらきら

17. ひるやすみ(점심시간)

ひるやすみ　ひるやすみ

18. ぬるい(미지근하다)

ぬるい　ぬるい

19. うれしい(기쁘다)

うれしい　うれしい

20. おもしろい(재미있다)

おもしろい　おもしろい

21. みる(보다)

みる　みる

22. あるく(걷다)

あるく　あるく

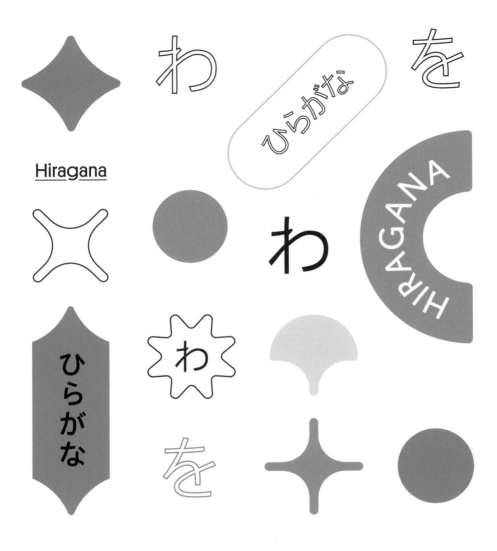

Hiragana

わ행

우리말 '와, 오'와 비슷한 발음으로 이중모음 글자입니다. わ행 글자는 あ단과 お단 2개 밖에 없어요. を는 앞서 공부한 お와 동일한 발음인데요. 로마자로 표기할 때는 'o' 또는 'wo'로 표기합니다.

83

わ 우리말 [와] 발음과 비슷합니다. 2획은 한번에 쭉 이어서 써야 해요. 히라가나 ね(네), れ(레)와 모양이 비슷하니 헷갈리지 않도록 주의합니다.

わ	わ			
わ	わ			
わ	わ			
わ	わ			
わ	わ			
わ	わ			
わ	わ			
わ	わ			

우리말 [오] 발음과 비슷합니다. 히라가나 お와 동일한 발음인데요. を는 조사 '~을/를'의
의미로만 사용하는 글자입니다.

を	を				
を	を				
を	を				
を	を				
を	を				
を	を				
を	を				
を	を				

연습문제

다음 일본어 단어를 우리말 발음으로 적어보세요.

1. わに(악어)

わに わに

2. にわ(정원. 뜰)

にわ にわ

3. わたし(나. 저)

わたし わたし

4. わかめ(미역)

わかめ わかめ

5. ひまわり(해바라기)

ひまわり ひまわり

6. めいわく(성가심)

めいわく めいわく

7. こわい(무섭다)

こわい こわい

8. よわい(약하다)

よわい よわい

9. わかい(젊다)

わかい わかい

10. わるい(나쁘다)

わるい わるい

11. くわしい(자세하다)

くわしい くわしい

12. かわいい(귀엽다)

かわいい かわいい

13. われる(깨지다)   14. おわる(끝나다)   **86**

われる　われる   おわる　おわる

15. いすに すわる(의자에 앉다)   16. いわを わる(바위를 깨다)

いすに すわる　いすに すわる   いわを わる　いわを わる

17. くすりを のむ(약을 먹다)   18. ねこを かう(고양이를 기르다)

くすりを のむ　くすりを のむ   ねこを かう　ねこを かう

19. ゆめを みる(꿈을 꾸다)   20. はしを わたる(다리를 건너다)

ゆめを みる　ゆめを みる   はしを わたる　はしを わたる

21. おかねを わたす(돈을 건네다)   22. やくそくを わすれる(약속을 잊다)

おかねを わたす
おかねを わたす   やくそくを わすれる
                                   やくそくを わすれる

정답 ✛●◆✕✸

1. 와니	2. 니와	3. 와타시	4. 와카메	5. 히마와리
6. 메이와쿠	7. 코와이	8. 요와이	9. 와카이	10. 와루이
11. 쿠와시이	12. 카와이이	13. 와레루	14. 오와루	15. 이스니 스와루
16. 이와오 와루	17. 쿠스리오 노무	18. 네코오 카우	19. 유메오 미루	20. 하시오 와타루
21. 오카네오 와타스	22. 야쿠소쿠오 와스레루			

ふ

Japanese

あ

ひらがな

え

Hiragana

HIRAGANA

HIRAGANA

か

た

い

と

ひらがな

お

は

ち

발음

ん은 받침 소리지만 엄연한 하나의 글자이기 때문에 앞 글자와
합쳐서 읽지 않고 '하나의 박자'를 살려서 읽어야 합니다.

✦●◆✕❀

Hiragana

발음(ん)

ㄴ, ㅁ, ㅇ 받침 소리가 나는 글자로 다른 글자 뒤에만 쓸 수 있어요. 어느 발음으로 읽든 틀린 것은 아니지만 ん 뒤에 오는 글자를 발음하기에 가장 편한 받침 소리로 읽는 것이 좋습니다. 그러기 위해서는 뒤에 오는 자음과 동일한 받침소리로 읽거나, 뒤에 오는 자음이 발음되는 혀의 위치와 가장 비슷한 위치에서 발음되는 받침소리로 읽으면 자연스러워요. 단어 제일 뒤에 사용된 ん은 어느 발음이든 상관 없습니다.

ん은 받침 소리지만 엄연한 하나의 글자 이기 때문에 앞 글자와 합쳐서 읽지 않고 '하나의 박자'를 살려서 읽어야 합니다.

ん	ん					
ん	ん					
ん	ん					
ん	ん					
ん	ん					
ん	ん					
ん	ん					
ん	ん					

직접 읽어보며 어떤 발음으로 읽는 게 가장 편하고 자연스러운지 골라보세요.

1. しんせつ(친절)

시ㄴ세츠 / 시ㅁ세츠 / 시ㅇ세츠

....

2. かんじ(한자)

카ㄴ지 / 카ㅁ지 / 카ㅇ지

....

3. はんたい(반대)

하ㄴ타이 / 하ㅁ타이 / 하ㅇ타이

....

4. おんど(온도)

오ㄴ도 / 오ㅁ도 / 오ㅇ도

....

5. あんない(안내)

아ㄴ나이 / 아ㅁ나이 / 아ㅇ나이

....

6. かんり(관리)

카ㄴ리 / 카ㅁ리 / 카ㅇ리

....

✹ 혀 끝에서 발음이 되는 ㅅ, ㅈ, ㅌ, ㄷ, ㄴ, ㄹ 발음 앞에서는 ㄴ 받침소리로 읽는 것이 가장 자연스러워요.

7. きんむ(근무)

키ㄴ무 / 키ㅁ무 / 키ㅇ무

....

8. はんばい(판매)

하ㄴ바이 / 하ㅁ바이 / 하ㅇ바이

....

9. かんぺき(완벽)

카ㄴ페키 / 카ㅁ페키 / 카ㅇ페키

....

✹ 입술을 닫으며 발음되는 ㅁ, ㅂ, ㅍ 발음 앞에서는 ㅁ 받침소리로 읽는 것이 가장 자연스러워요. (ㅂ, ㅍ 발음으로 읽는 글자는 뒤에서 배우게 됩니다)

10. かんこく(한국)

카ㄴ코쿠 / 카ㅁ코쿠 / 카ㅇ코쿠

11. さんがつ(3월)

사ㄴ가츠 / 사ㅁ가츠 / 사ㅇ가츠

✹ 혀 뒤쪽이 입천장에 닿으며 발음되는 ㄱ, ㅋ 발음 앞에서는 ㅇ 받침소리로 읽는 것이 가장 자연스러워요

12. さんい(3위)

사ㄴ이 / 사ㅁ이 / 사ㅇ이

13. よんひき(4마리)

요ㄴ히키 / 요ㅁ히키 / 요ㅇ히키

14. ほんや(책방)

호ㄴ야 / 호ㅁ야 / 호ㅇ야

15. でんわ(전화)

데ㄴ와 / 데ㅁ와 / 데ㅇ와

✹ 입술도 혀도 닿지 않는 ㅇ, ㅎ 발음 앞에서는 ㅇ받침 소리로 읽되 혀 뒷부분이 입천장에 닿기 전에 뒷글자 발음으로 넘어가야 합니다. 때문에 ㅇ받침 소리가 명확하지 않고 약하게 발음됩니다. 예를 들어 ほんや 같은 경우는 원어민의 발음을 들어보면 약간 '호이야' 처럼 들리기도 할 거예요.

히라가나 오십음도 표를 참고하여 해당 글자를 찾아 다섯 개의 빈 칸에 채우고 익혀 봅니다.

あ か さ た ● は ま や ら わ ん

い き し ち に ひ み ✦

う く す つ ぬ ふ ● ゆ る

え ● せ て ね へ め れ

お こ そ ◆ の ほ も よ ろ を

ふ

あ

ひらがな

え

Hiragana

HIRAGANA

HIRAGANA

か

と

ち

い

ひらがな

お

は

た

っ를 작게 쓴 글자를 '촉음'이라고 합니다.
ㄱ, ㅅ, ㅂ 받침소리로 읽어요.

✛ ● ◆ ✕ ✺

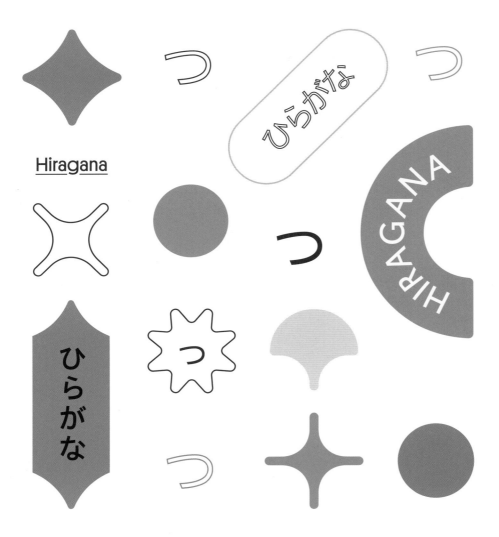

Hiragana

촉음(っ)

っ를 작게 쓴 글자를 '촉음'이라고 합니다. ㄱ, ㅅ, ㅂ 받침소리로 읽어요. 받침소리이기 때문에 반드시 다른 글자 뒤에 사용됩니다. 앞서 공부한 ん과 같은 요령으로 뒷글자의 발음에 따라 가장 자연스럽게 읽을 수 있는 발음으로 읽으면 됩니다. 또한 한글자로 합쳐서 발음하지 않고 '하나의 박자'를 정확히 살려서 읽어야 해요.

つ

Hiragana ✴ Tip

• 촉음 っ는 히라가나 た행의 つ를 작게 쓴 글자입니다. っ와 つ의 크기를 아래 단어에서 확인해 봅니다.

っ   がっこう
학교

つ   うつくしい
아름답다

직접 읽어보며 어떤 발음으로 읽는 게 가장 편하고 자연스러운지 골라보세요.

1. さっき(조금 전)
사ㄱ끼 / 사ㅅ끼 / 사ㅂ끼
....

2. あっか(악화)
아ㄱ까 / 아ㅅ까 / 아ㅂ까
....

3. いっこ(1개)
이ㄱ꼬 / 이ㅅ꼬 / 이ㅂ꼬
....

✹ 혀 뒤쪽이 입천장에 닿으며 발음되는 か행 발음(ㅋ, ㄲ) 앞에서는 ㄱ 받침소리로 읽는 것이 가장 자연스러워요.

4. はっさい(8살)
하ㄱ사이 / 하ㅅ사이 / 하ㅂ사이
....

5. ちっそ(질소)
치ㄱ소 / 치ㅅ소 / 치ㅂ소
....

6. ひっし(필사)
히ㄱ시 / 히ㅅ시 / 히ㅂ시
....

7. いっち(일치)
이ㄱ치 / 이ㅅ치 / 이ㅂ치
....

8. みっつ(3개)
미ㄱ쯔 / 미ㅅ쯔 / 미ㅂ쯔
....

9. きって(우표)
키ㄱ떼 / 키ㅅ떼 / 키ㅂ떼
....

10. もっと(더욱)
모ㄱ또 / 모ㅅ또 / 모ㅂ또
....

✻ 혀 끝에서 발음이 되는 さ행(ㅅ), た행(ㅌ, ㄸ, ㅊ, ㅉ) 발음 앞에서는 ㅅ 받침소리로 읽는 것이 가장 자연스러워요.

11. りっぱ(훌륭함)

리ㄱ빠 / 리ㅅ빠 / 리ㅂ빠

12. きっぷ(표)

키ㄱ뿌 / 키ㅅ뿌 / 키ㅂ뿌

13. しっぽ(꼬리)

시ㄱ뽀 / 시ㅅ뽀 / 시ㅂ뽀

✻ 입술을 닫으며 발음되는 ㅍ, ㅃ 발음 앞에서는 ㅂ 받침소리로 읽는 것이 가장 자연스러워요. ㅍ, ㅃ 발음이 나는 글자는 앞으로 공부할 예정이니 일단 발음 규칙만 기억해 두세요.

Hiragana ✷ Pop ✦ Quiz

히라가나 오십음도 표를 참고하여 해당 글자를 찾아 다섯 개의 빈 칸에 채우고 익혀 봅니다.

あ	い	う	え	お
か	●	く	け	こ
さ	し	す	✳	と
た	ち	つ	ね	の
な	に	ぬ	へ	ほ
は	ひ	ふ	め	も
◆	み	む	れ	●
や	り	ゆ		ろ
ら		る		を
わ				
ん				

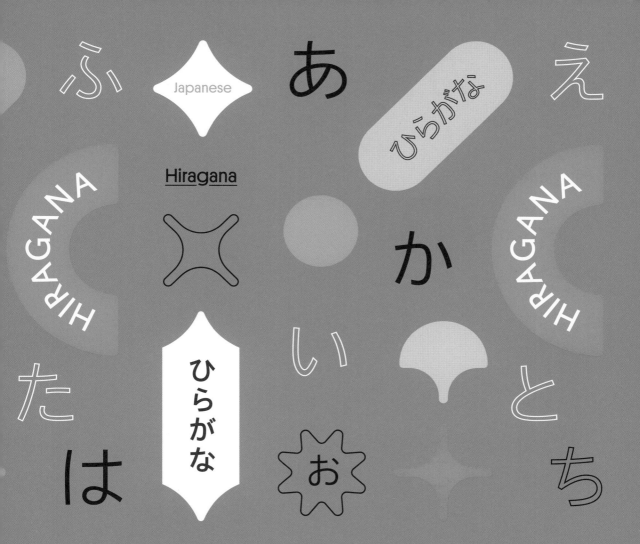

Japanese

Hiragana

ひらがな

ひらがな

탁음이란 이름 그대로 탁한 소리가 나는 발음이에요. 청음 중 か행, た행, さ행, は행 글자 오른쪽 위에 탁점(゛)을 붙여서 표기합니다.

+ ● ◆ ✕ ✳

Hiragana

ひらがな

HIRAGANA

が행

'가, 기, 구, 게, 고'와 비슷하게 발음되는 글자입니다. 주의할 점은 우리말의 ㄱ 발음보다 더욱 약하고 부드러운 발음으로 영어의 g 발음에 가깝습니다. ㄱ 앞에 '응'이 붙어있는 느낌으로 '(응)가, (응)기, (응)구, (응)게, (응)고' 이렇게 발음해보면 비슷합니다.

が
가 ga

ぎ
기 gi

ぐ
구 gu

げ
게 ge

ご
고 go

다음 일본어 단어를 우리말 발음으로 적어보세요.

1. ごご(오후)

ごご ごご

2. かぐ(가구)

かぐ かぐ

3. ごみ(쓰레기)

ごみ ごみ

4. れいぎ(예의)

れいぎ れいぎ

5. みぎ(오른쪽)

みぎ みぎ

6. えいが(영화)

えいが えいが

7. がいこく(외국)

がいこく がいこく

8. げんかい(한계)

げんかい げんかい

9. たんご(단어)

たんご たんご

10. まんが(만화)

まんが まんが

11. えんげき(연극)

えんげき えんげき

12. たまご(달걀)

たまご たまご

13. まっすぐ(올곧음)

まっすぐ　まっすぐ

14. にほんご(일본어)

にほんご　にほんご

15. げんかん(현관)

げんかん　げんかん

16. ぎんいろ(은색)

ぎんいろ　ぎんいろ

17. おみやげ(선물)

おみやげ　おみやげ

18. おんがく(음악)

おんがく　おんがく

19. ながい(길다)

ながい　ながい

20. いそぐ(서두르다)

いそぐ　いそぐ

21. およぐ(수영하다)

およぐ　およぐ

22. ほんが あります(책이 있습니다)

ほんが あります
ほんが あります

정답 ✦●◆✕❋

1. 고고
2. 카구
3. 고미
4. 레이기
5. 미기
6. 에이가
7. 가이코쿠
8. 게ㅇ카이
9. 타ㅇ고
10. 마ㅇ가
11. 에ㅇ게키
12. 타마고
13. 마ㅅ스구
14. 니호ㅇ고
15. 게ㅇ카ㄴ
16. 기ㅇ이로
17. 오미야게
18. 오ㅇ가쿠
19. 나가이
20. 이소구
21. 오요구
22. 호ㅇ가 아리마스

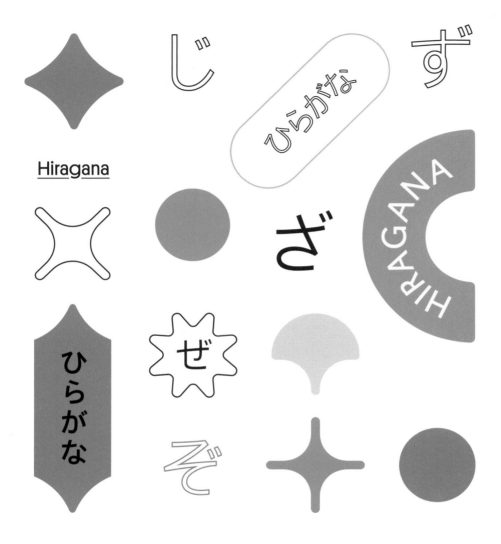

Hiragana

ざ행

'자, 지, 즈, 제, 조'와 비슷하게 발음되는 글자인데요. 우리말의 ㅈ 발음보다 약하고 영어의 z 발음에 가깝습니다. ㅈ 앞에 '은'이 붙어있는 느낌으로 '(은)자, (은)지, (은)즈, (은)제, (은)조' 하고 읽어보면 좀더 비슷하게 발음할 수 있어요. 한국인이 어려워하는 발음들이니 원어민 발음을 많이 들어보는 것이 중요합니다.

ざ
자 za

じ
지 ji

ず
즈 zu

ぜ
제 ze

ぞ
조 zo

연습문제

다음 일본어 단어를 우리말 발음으로 적어보세요.

1. じかん(시간)

....
じかん　じかん

2. いぜん(이전)

....
いぜん　いぜん

3. かぞく(가족)

....
かぞく　かぞく

4. きず(상처)

....
きず　きず

5. じしん(지진)

....
じしん　じしん

6. なぞ(수수께끼)

....
なぞ　なぞ

7. ざっし(잡지)

....
ざっし　ざっし

8. げんじつ(현실)

....
げんじつ　げんじつ

9. あんぜん(안전)

....
あんぜん　あんぜん

10. はんざい(범죄)

....
はんざい　はんざい

11. かんじ(한자)

....
かんじ　かんじ

12. ぜいきん(세금)

....
ぜいきん　ぜいきん

13. ずっと(계속. 쪽)

....

ずっと　ずっと

14. ことわざ(속담)

....

ことわざ　ことわざ

15. えんぜつ(연설)

....

えんぜつ　えんぜつ

16. そんざい(존재)

....

そんざい　そんざい

17. ぜったい(절대)

....

ぜったい　ぜったい

18. しんじつ(진실)

....

しんじつ　しんじつ

19. まんぞく(만족)

....

まんぞく　まんぞく

20. おじいさん(할아버지)

....

おじいさん　おじいさん

21. みじかい(짧다)

....

みじかい　みじかい

22. しんじる(믿다)

....

しんじる　しんじる

정답 ✦●◆✕✹

1. 지카ㄴ	2. 이제ㄴ	3. 카조쿠	4. 키즈	5. 지시ㄴ
6. 나조	7. 자ㅅ시	8. 게ㄴ지츠	9. 아ㄴ제ㄴ	10. 하ㄴ자이
11. 카ㄴ지	12. 제이키ㅋ	13. 즈ㅅ또	14. 코토와자	15. 에ㄴ제츠
16. 소ㄴ자이	17. 제ㅅ타이	18. 시ㄴ지츠	19. 마ㄴ조쿠	20. 오지이사ㄴ
21. 미지카이	22. 시ㄴ지루			

Hiragana

だ행

'다, 지, 즈, 데, 도'와 비슷하게 발음되는 글자로 우리말의 ㄷ 발음보다 약하고 부드럽게 발음해야 합니다. ㄷ 앞에 '은'이 붙어있다고 생각하고 '(은)다, (은)지, (은)즈, (은)데, (은)도' 이렇게 읽어보면 비슷한 발음이 됩니다. ぢ(ji)와 づ(zu)는 ざ행에 있는 じ(ji), ず(zu)와 발음이 동일합니다. 일반적으로는 ざ행의 じ와 ず를 널리 사용하며 ぢ와 づ는 특정 단어에서만 사용됩니다.

だ
다 da

ぢ
지 ji

づ
즈 zu

で
데 de

ど
도 do

다음 일본어 단어를 우리말 발음으로 적어보세요.

1. うで(팔)

うで　うで

2. じだい(시대)

じだい　じだい

3. でんわ(전화)

でんわ　でんわ

4. はなぢ(코피)

はなぢ　はなぢ

5. こども(어린이)

こども　こども

6. だいがく(대학)

だいがく　だいがく

7. でぐち(출구)

でぐち　でぐち

8. おんど(온도)

おんど　おんど

9. みぢか(신변. 일상)

みぢか　みぢか

10. でんき(전기)

でんき　でんき

11. どんかん(둔감)

どんかん　どんかん

12. もんだい(문제)

もんだい　もんだい

13. どんぐり(도토리)

どんぐり　どんぐり

14. おこづかい(용돈)

おこづかい　おこづかい

15. だいどころ(부엌)

だいどころ　だいどころ

16. ひどい(심하다)

ひどい　ひどい

17. だるい(나른하다)

だるい　だるい

18. だいじだ(소중하다)

だいじだ　だいじだ

19. でる(나오다)

でる　でる

20. だす(꺼내다)

だす　だす

21. おどる(춤추다)

おどる　おどる

22. かたづける(정리하다)

かたづける　かたづける

정답 ✦●◆✕✹

1. 우데	2. 지다이	3. 데ㅇ와	4. 하나지	5. 코도모
6. 다이가쿠	7. 데구치	8. 온도	9. 미지카	10. 데ㅇ키
11. 도ㄴ카ㄴ	12. 모ㄴ다이	13. 도ㅇ구리	14. 오코즈카이	15. 다이도코로
16. 히도이	17. 다루이	18. 다이지다	19. 데루	20. 다스
21. 오도루	22. 카타즈케루			

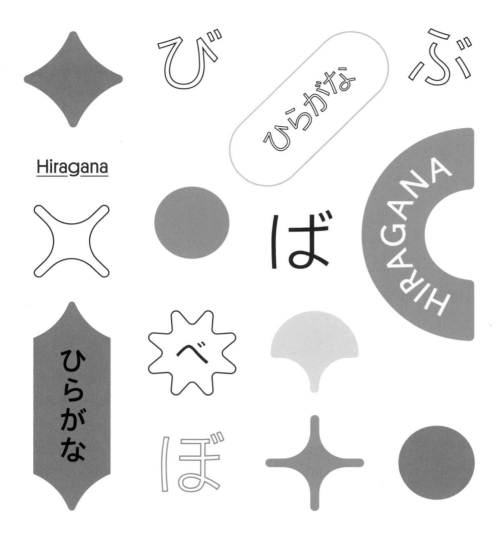

ば행

우리말 '바, 비, 부, 베, 보'와 비슷하지만 우리말의 ㅂ발음 보다 더욱 약하기 때문에 영어의 b발음에 가깝습니다. 글자 앞에 '음'이 있다는 느낌으로 '(음)바, (음)비, (음)부, (음)베, (음)보'라고 읽어보면 좀더 자연스럽게 발음할 수 있습니다.

ば
바 ba

び
비 bi

ぶ
부 bu

べ
베 be

ぼ
보 bo

다음 일본어 단어를 우리말 발음으로 적어보세요.

1. ゆうべ(어젯밤)

....

ゆうべ ゆうべ

2. かびん(꽃병)

....

かびん かびん

3. とんぼ(잠자리)

....

とんぼ とんぼ

4. じぶん(자신)

....

じぶん じぶん

5. くべつ(구별)

....

くべつ くべつ

6. ぜんぶ(전부)

....

ぜんぶ ぜんぶ

7. びじん(미인)

....

びじん びじん

8. げんば(현장)

....

げんば げんば

9. せびろ(신사복)

....

せびろ せびろ

10. ざぶとん(방석)

....

ざぶとん ざぶとん

11. はんばい(판매)

....

はんばい はんばい

12. しんぶん(신문)

....

しんぶん しんぶん

13. くちびる(입술)

くちびる　くちびる

14. ばっきん(벌금)

ばっきん　ばっきん

15. ゆうびん(우편)

ゆうびん　ゆうびん

16. おばさん(아주머니)

おばさん　おばさん

17. あぶない(위험하다)

あぶない　あぶない

18. べんりだ(편리하다)

べんりだ　べんりだ

19. たべる(먹다)

たべる　たべる

20. あそぶ(놀다)

あそぶ　あそぶ

21. がんばる(노력하다)

がんばる　がんばる

22. おぼえる(외우다)

おぼえる　おぼえる

정답 ✚●◆✕✳

1. 유우베	2. 카비ㄴ	3. 토모ㅂ	4. 지부ㄴ	5. 쿠베츠
6. 제ㅁ부	7. 비지ㄴ	8. 게ㅁ바	9. 세비로	10. 자부토ㄴ
11. 하ㅁ바이	12. 시ㅁ부ㄴ	13. 쿠치비루	14. 바ㄱ키ㄴ	15. 유우비ㄴ
16. 오바사ㄴ	17. 아부나이	18. 베ㄴ리다	19. 타베루	20. 아소부
21. 가ㅁ바루	22. 오보에루			

히라가나 오십음도 표를 참고하여 해당 글자를 찾아 다섯 개의 빈 칸에 채우고 익혀 봅니다.

お	え	う	い	あ
こ	●	く	き	か
そ	せ	す	し	◆
と	て	つ	ち	た
の	ね	ぬ	に	な
ほ	✽	ふ	ひ	は
◆	め	む	み	ま
よ	れ	ゆ	り	や
ろ		る		ら
を				●
				ん

ひらがな

Japanese

Hiragana

ひらがな

あ

か

い

お

ふ

は

た

え

と

ち

HIRAGANA

HIRAGANA

は행 글자에 반탁점(°)을 붙여서 표기하는 글자입니다.
ㅂ과 ㅍ의 중간 정도로 발음하는게 좋아요.

+ ● ◆ ✕ ✳

Hiragana

ぱ행

'파, 피, 푸, 페, 포'와 비슷한 발음의 글자입니다. 우리말의 ㅍ 발음보다는 약해서 ㅂ과 ㅍ의
중간 정도로 발음하는 게 좋아요. 또한 ぱ행 글자는 촉음이나 ん 뒤에 사용되는 경우가
많은데 이때는 ㅃ 소리가 나기도 합니다. 다양한 단어들을 소리내어 읽으며 연습해 보세요.

ぱ
파 pa

ぱ ぱ ぱ ぱ ぱ ぱ ぱ
ぱ ぱ ぱ ぱ ぱ ぱ ぱ

ぴ
피 pi

ぴ ぴ ぴ ぴ ぴ ぴ ぴ
ぴ ぴ ぴ ぴ ぴ ぴ ぴ

ぷ
푸 pu

ぷ ぷ ぷ ぷ ぷ ぷ ぷ
ぷ ぷ ぷ ぷ ぷ ぷ ぷ

ぺ
페 pe

ぺ ぺ ぺ ぺ ぺ ぺ ぺ
ぺ ぺ ぺ ぺ ぺ ぺ ぺ

ぽ
포 po

ぽ ぽ ぽ ぽ ぽ ぽ ぽ
ぽ ぽ ぽ ぽ ぽ ぽ ぽ

다음 일본어 단어를 우리말 발음으로 적어보세요. (정답은 편의상 ㅃ으로 통일했습니다)

1. でんぱ(전파)

....
でんぱ　でんぱ

2. さんぽ(산책)

....
さんぽ　さんぽ

3. しんぷ(신부)

....
しんぷ　しんぷ

4. てっぺん(꼭대기)

....
てっぺん　てっぺん

5. おんぷ(음표)

....
おんぷ　おんぷ

6. さんぴ(찬반)

....
さんぴ　さんぴ

7. にっぽん(일본)

....
にっぽん　にっぽん

8. せんぱい(선배)

....
せんぱい　せんぱい

9. きっぷ(표)

....
きっぷ　きっぷ

10. はっぱ(잎사귀)

....
はっぱ　はっぱ

11. えんぴつ(연필)

....
えんぴつ　えんぴつ

12. げっぷ(트림)

....
げっぷ　げっぷ

121

13. ほっぺた(뺨)

ほっぺた　ほっぺた

14. げっぷ(실패)

しっぱい　しっぱい

15. てんぷら(튀김)

てんぷら　てんぷら

16. かんぱい(건배)

かんぱい　かんぱい

17. たんぽぽ(민들레)

たんぽぽ　たんぽぽ

18. ぴかぴか(번쩍번쩍)

ぴかぴか　ぴかぴか

19. せいねんがっぴ(생년월일)

せいねんがっぴ　せいねんがっぴ

20. りっぱだ(훌륭하다)

りっぱだ　りっぱだ

21. かんぺきだ(완벽하다)

かんぺきだ　かんぺきだ

22. ひっぱる(잡아끌다)

ひっぱる　ひっぱる

히라가나 오십음도 표를 참고하여 해당 글자를 찾아 다섯 개의 빈 칸에 채우고 익혀 봅니다.

おこそ◯の ほもよろを

◯けせてね へめ◆

うくすつ◯ むゆる◆

いし◆ちに ひみり

あかさたな はまやらわん

ふ

Japanese

あ

ひらがな

え

Hiragana

HIRAGANA

か

HIRAGANA

ひらがな

い

と

た

は

お

ち

요음

요음은 い단 글자 옆에 や·ゆ·よ를 작게
붙여서 표기하는 발음입니다

✦ ● ◆ ✕ ✹

Hiragana

요음

い단 글자 옆에 や·ゆ·よ를 작게 붙여서 표기하는 발음입니다. 글자는 두 개지만 두 글자의 발음이 합쳐져 한글자처럼 발음합니다. や·ゆ·よ를 작게 쓰지 않고 원래의 크기로 쓸 경우 전혀 다른 의미가 될 수도 있으니 요음으로 표기할 때에는 반드시 작게 쓰도록 주의합니다.

きゃ
캬 kya

きゃ きゃ きゃ きゃ
きゃ きゃ きゃ きゃ

きゅ
큐 kyu

きゅ きゅ きゅ きゅ
きゅ きゅ きゅ きゅ

きょ
쿄 kyo

きょ きょ きょ きょ
きょ きょ きょ きょ

しゃ
샤 sha

しゃ しゃ しゃ しゃ
しゃ しゃ しゃ しゃ

しゅ
슈 shu

しゅ しゅ しゅ しゅ
しゅ しゅ しゅ しゅ

しょ
쇼 sho

しょ しょ しょ しょ
しょ しょ しょ しょ

다음 일본어 단어를 우리말 발음으로 적어보세요.

1. じしょ(사전)

....

じしょ じしょ

2. いしゃ(의사)

....

いしゃ いしゃ

3. ばしょ(장소)

....

ばしょ ばしょ

4. きゅうり(오이)

....

きゅうり きゅうり

5. しゃかい(사회)

....

しゃかい しゃかい

6. きゃくせき(객석)

....

きゃくせき きゃくせき

7. でんしゃ(전차)

....

でんしゃ でんしゃ

8. きゅうしゅう(흡수)

....

きゅうしゅう きゅうしゅう

9. いっしょに(함께)

....

いっしょに いっしょに

10. ちきゅう(지구)

....

ちきゅう ちきゅう

11. かんしゃ(감사)

....

かんしゃ かんしゃ

12. しょきゅう(초급)

....

しょきゅう しょきゅう

13. しゅうまつ(주말)

しゅうまつ　しゅうまつ

14. おきゃくさま(손님)

おきゃくさま　おきゃくさま

15. しょっき(식기)

しょっき　しょっき

16. おしゃれ(멋쟁이)

おしゃれ　おしゃれ

17. きょり(거리)

きょり　きょり

18. まいしゅう(매주)

まいしゅう　まいしゅう

19. やっきょく(약국)

やっきょく　やっきょく

20. おしゃれ(출발)

しゅっぱつ　しゅっぱつ

21. しゅっせき(출석)

しゅっせき　しゅっせき

22. きゃっかんてき(객관적)

きゃっかんてき
きゃっかんてき

정답 ✚●◆✕✹

1. 지쇼	2. 이샤	3. 바쇼	4. 큐우리	5. 샤카이
6. 캬쿠세키	7. 데ㄴ샤	8. 큐우슈우	9. 이ㅅ쇼니	10. 치큐우
11. 카ㄴ샤	12. 쇼큐우	13. 슈우마츠	14. 오캬쿠사마	15. 쇼ㄱ키
16. 오샤레	17. 쿄리	18. 마이슈우	19. 야ㄱ쿄쿠	20. 슈ㅂ빠츠
21. 슈ㅅ세키	22. 캬ㄱ카ㄴ테키			

ちゃ
챠 cha

ちゃ ちゃ ちゃ ちゃ
ちゃ ちゃ ちゃ ちゃ
ちゃ ちゃ ちゃ ちゃ
ちゃ ちゃ ちゃ ちゃ

ちゅ
츄 chu

ちゅ ちゅ ちゅ ちゅ
ちゅ ちゅ ちゅ ちゅ
ちゅ ちゅ ちゅ ちゅ
ちゅ ちゅ ちゅ ちゅ

ちょ
쵸 cho

ちょ ちょ ちょ ちょ
ちょ ちょ ちょ ちょ
ちょ ちょ ちょ ちょ
ちょ ちょ ちょ ちょ

연습문제

다음 일본어 단어를 우리말 발음으로 적어보세요.

1. ちょしゃ(저자)

ちょしゃ ちょしゃ

2. ちゃわん(밥그릇)

ちゃわん ちゃわん

3. ちゅうい(주의)

ちゅうい ちゅうい

4. ちゃいろ(갈색)

ちゃいろ ちゃいろ

5. ちゅうしゃ(주사)

ちゅうしゃ ちゅうしゃ

6. ちょっと(조금. 잠깐)

ちょっと ちょっと

7. ちゅうだん(중단)

ちゅうだん ちゅうだん

8. ちゃくりく(착륙)

ちゃくりく ちゃくりく

9. ちゅうごく(중국)

ちゅうごく ちゅうごく

10. あかちゃん(아기)

あかちゃん あかちゃん

정답 ✛●◆✕✳

1. 쵸샤	2. 챠와ㄴ	3. 츄우이	4. 챠이로	5. 츄우샤
6. 쵸ㅅ또	7. 츄우다ㄴ	8. 챠쿠리쿠	9. 츄우고쿠	10. 아카챠ㄴ

にゃ
냐 nya

にゃ にゃ にゃ にゃ
にゃ にゃ にゃ にゃ

にゅ
뉴 nyu

にゅ にゅ にゅ にゅ
にゅ にゅ にゅ にゅ

にょ
뇨 nyo

にょ にょ にょ にょ
にょ にょ にょ にょ

ひゃ
햐 hya

ひゃ ひゃ ひゃ ひゃ
ひゃ ひゃ ひゃ ひゃ

ひゅ
휴 hyu

ひゅ ひゅ ひゅ ひゅ
ひゅ ひゅ ひゅ ひゅ

ひょ
효 hyo

ひょ ひょ ひょ ひょ
ひょ ひょ ひょ ひょ

みや
야 mya

みゆ
뮤 myu

みよ
묘 myo

りゃ
랴 rya

りゅ
류 ryu

りょ
료 ryo

다음 일본어 단어를 우리말 발음으로 적어보세요.

1. どりょく(노력)

どりょく　どりょく

2. はいりょ(배려)

はいりょ　はいりょ

3. みょうじ(성씨)

みょうじ　みょうじ

4. ひょうか(평가)

ひょうか　ひょうか

5. にゅうしゃ(입사)

にゅうしゃ　にゅうしゃ

6. ひゃくてん(100점)

ひゃくてん　ひゃくてん

7. ひょうげん(표현)

ひょうげん　ひょうげん

8. えんりょする(사양하다)

えんりょする　えんりょする

9. さんみゃく(산맥)

さんみゃく　さんみゃく

10. りゅうがく(유학)

りゅうがく　りゅうがく

11. びみょう(미묘)

びみょう　びみょう

12. しんりゃく(침략)

しんりゃく　しんりゃく

13. にゅうがく(입학)

にゅうがく　にゅうがく

14. じつりょく(실력)

じつりょく　じつりょく

15. ひゃっかてん(백화점)

ひゃっかてん　ひゃっかてん

16. にゅういん(입원)

にゅういん　にゅういん

17. しょうりゃく(생략)

しょうりゃく　しょうりゃく

18. ひょうめん(표면)

ひょうめん　ひょうめん

19. にょきにょき(쭉쭉 뻗다)

にょきにょき　にょきにょき

20. みゃくらく(맥락)

みゃくらく　みゃくらく

21. りゃくだつ(약탈)

りゃくだつ　りゃくだつ

22. ろうにゃくなんにょ(남녀노소)

ろうにゃくなんにょ
ろうにゃくなんにょ

정답 ✛ ● ◆ ✕ ✺

1. 도료쿠	2. 하이료	3. 묘우지	4. 효우카	5. 뉴우샤
6. 햐쿠테니	7. 효우게니	8. 에노료스루	9. 샤먀쿠	10. 류우가쿠
11. 비묘우	12. 시냐랴쿠	13. 뉴우가쿠	14. 지츠료쿠	15. 햐ㄱ카테니
16. 뉴우인	17. 쇼우랴쿠	18. 효우메니	19. 뇨키뇨키	20. 먀쿠라구
21. 랴쿠다츠	22. 로우냐쿠나ㄴ뇨			

ぎゃ
가 gya

ぎゃ ぎゃ ぎゃ ぎゃ
ぎゃ ぎゃ ぎゃ ぎゃ

ぎゅ
규 gyu

ぎゅ ぎゅ ぎゅ ぎゅ
ぎゅ ぎゅ ぎゅ ぎゅ

ぎょ
교 gyo

ぎょ ぎょ ぎょ ぎょ
ぎょ ぎょ ぎょ ぎょ

じゃ
쟈 ja

じゃ じゃ じゃ じゃ
じゃ じゃ じゃ じゃ

じゅ
쥬 ju

じゅ じゅ じゅ じゅ
じゅ じゅ じゅ じゅ

じょ
죠 jo

じょ じょ じょ じょ
じょ じょ じょ じょ

ぢゃ
쟈 ja

ぢゅ
쥬 ju

ぢょ
죠 jo

びゃ
뱌 bya

びゅ
뷰 byu

びょ
뵤 byo

ぴゃ
파 pya

ぴゃ ぴゃ ぴゃ ぴゃ
ぴゃ ぴゃ ぴゃ ぴゃ
ぴゃ ぴゃ ぴゃ ぴゃ
ぴゃ ぴゃ ぴゃ ぴゃ

ぴゅ
퓨 pyu

ぴゅ ぴゅ ぴゅ ぴゅ
ぴゅ ぴゅ ぴゅ ぴゅ
ぴゅ ぴゅ ぴゅ ぴゅ
ぴゅ ぴゅ ぴゅ ぴゅ

ぴょ
표 pyo

ぴょ ぴょ ぴょ ぴょ
ぴょ ぴょ ぴょ ぴょ
ぴょ ぴょ ぴょ ぴょ
ぴょ ぴょ ぴょ ぴょ

연습문제

다음 일본어 단어를 우리말 발음으로 적어보세요.

1. じゃま(방해)

じゃま　じゃま

2. かのじょ(그녀)

かのじょ　かのじょ

3. びょうき(질병)

びょうき　びょうき

4. じゅうしょ(주소)

じゅうしょ　じゅうしょ

5. ぎゃくてん(역전)

ぎゃくてん　ぎゃくてん

6. きんじょ(근처)

きんじょ　きんじょ

7. はっぴゃく(800)

はっぴゃく　はっぴゃく

8. かんじゃ(환자)

かんじゃ　かんじゃ

9. ぎゅうにく(소고기)

ぎゅうにく　ぎゅうにく

10. じょせい(여성)

じょせい　じょせい

11. きんぎょ(금붕어)

きんぎょ　きんぎょ

12. びょういん(병원)

びょういん　びょういん

13. さくじょ(삭제)

....

さくじょ　さくじょ

14. さんびゃく(300)

....

さんびゃく　さんびゃく

15. じゃぐち(수도꼭지)

....

じゃぐち　じゃぐち

16. ぎゅうにゅう(우유)

....

ぎゅうにゅう　ぎゅうにゅう

17. ろっぴゃく(600)

....

ろっぴゃく　ろっぴゃく

18. じゅうみん(주민)

....

じゅうみん　じゅうみん

19. にんぎょう(인형)

....

にんぎょう　にんぎょう

20. はっぴょう(발표)

....

はっぴょう　はっぴょう

21. じゅんび(준비)

....

じゅんび　じじゅんび

22. ぴょこぴょこ(불쑥불쑥)

....

ぴょこぴょこ　ぴょこぴょこ

정답 ✚ ● ◆ ✕ ✸

1. 쟈마	2. 카노죠	3. 뵤우키	4. 쥬우쇼	5. 갸쿠테니
6. 키니죠	7. 하브빠쿠	8. 카노쟈	9. 규우니쿠	10. 죠세이
11. 키오쿄	12. 뵤우이ㄴ	13. 사쿠죠	14. 사ㅁ뱌쿠	15. 쟈구치
16. 규우뉴우	17. 로ㅂ뺘쿠	18. 쥬우미ㄴ	19. 니ㅇ교우	20. 하ㅂ뾰우
21. 쥬ㅁ비	22. 뽀코뽀코			

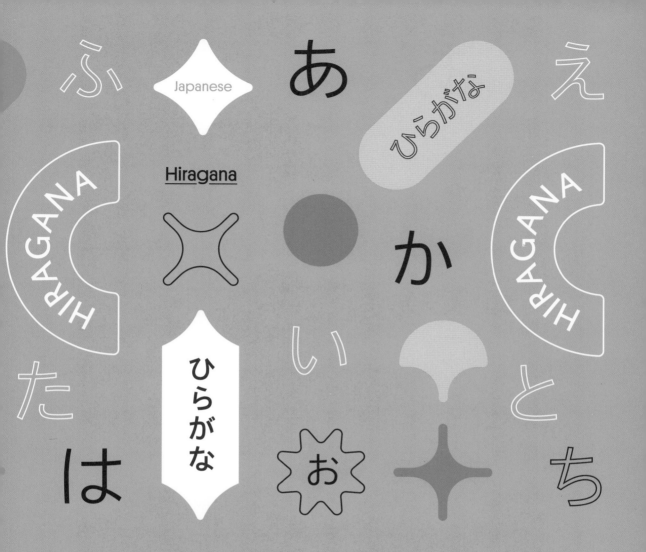

ふ あ え
Japanese
ひらがな
Hiragana
HIRAGANA
か HIRAGANA
と
ひらがな い
た ち
は お

장음

발음을 길게 늘려 두 박자로 읽는 것을 장음이라고 합니다. 우리말에는
장음이 없기 때문에 길게 읽든 짧게 읽든 크게 상관 없지만 일본어에서는 장음으로
읽느냐 짧게 읽느냐에 따라 의미가 완전히 달라지기도 합니다.

✦ ● ◆ ✕ ✷

Hiragana

장음규칙 1

같은 단의 모음 글자가 붙어있으면 자연스럽게 늘여서 발음합니다. 장음규칙1의 예로
あ단+あ : かあ(카-), さあ(사-), はあ(하-) 등, い단+い : しい(시-), ちい(치-), にい(니-) 등,
う단+う : くう(쿠-), つう(츠-), ふう(후-) 등, え단+え : けえ(케-), せえ(세-), ねえ(네-) 등,
お단+お : おお(오-), とお(토-), のお(노-) 등이 있습니다.

연습문제

다음 일본어 단어를 우리말 발음으로 적어보세요.

1. ゆうべ(어젯밤)

ゆうべ　ゆうべ

2. おおきい(크다)

おおきい　おおきい

3. ふつう(보통)

ふつう　ふつう

4. ばあい(경우)

ばあい　ばあい

5. じゆう(자유)

じゆう　じゆう

6. ほお(뺨)

ほお　ほお

7. まあまあ(그럭저럭)

まあまあ　まあまあ

8. ぐうぜん(우연)

ぐうぜん　ぐうぜん

9. かわいい(귀엽다)

かわいい　かわいい

10. やきゅう(야구)

やきゅう　やきゅう

정답 ✚ ● ◆ ✕ ❋

1. 유-베	2. 오-키-	3. 후츠-	4. 바-이	5. 지유-
6. 호-	7. 마-마-	8. 구-제ㄴ	9. 카와이-	10. 야큐-

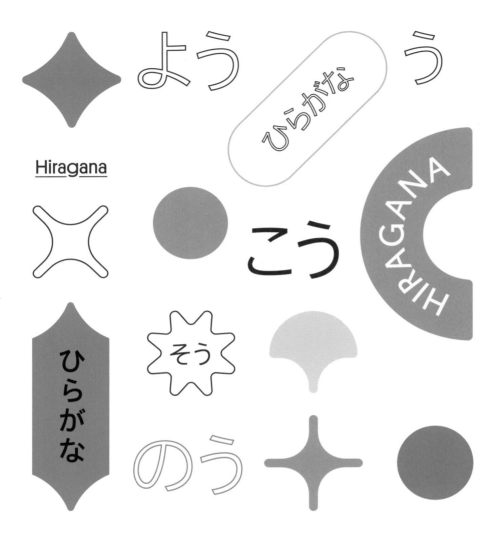

Hiragana

장음규칙2

お단 글자 뒤에 う가 붙어있는 경우 う는 발음하지 않고 お단 글자를 길게 늘여서 발음합니다.
こう(코-), そう(소-), とう(토-), のう(노-), よう(요-) 등으로 장음규칙2의 발음을 확인해 볼 수
있습니다.

연습문제

다음 일본어 단어를 우리말 발음으로 적어보세요.

1. ろうか(복도)

ろうか ろうか

2. どうろ(도로)

どうろ どうろ

3. きぼう(희망)

きぼう きぼう

4. そうじ(청소)

そうじ そうじ

5. どうぐ(도구)

どうぐ どうぐ

6. ぞうか(증가)

ぞうか ぞうか

7. ぶんぽう(문법)

ぶんぽう ぶんぽう

8. おとうと(남동생)

おとうと おとうと

9. いもうと(여동생)

いもうと いもうと

10. がっこう(학교)

がっこう がっこう

정답 ✦●◆✕✳

1. 로-카	2. 도-로	3. 키보	4. 소-지	5. 도-구
6. 조-카	7. 부ㅁ뽀-	8. 오토-토	9. 이모-토	10. 가ㄱ코-

えい

Hiragana

ひらがな

え

けい

HIRAGANA

せい

ひらがな

へい

장음규칙3

え단 글자 뒤에 い가 붙어있는 경우 い는 발음하지 않고 え단 글자를 길게 늘여서 발음합니다.
장음규칙3의 몇가지 예로 えい(에-), けい(케-), せい(세-), てい(테-), へい(헤-)가 있습니다.

연습문제

다음 일본어 단어를 우리말 발음으로 적어보세요.

1. えいが(영화)

えいが えいが

2. とけい(시계)

とけい とけい

3. よてい(예정)

よてい よてい

4. えいご(영어)

えいご えいご

5. うんめい(운명)

うんめい うんめい

6. すいえい(수영)

すいえい すいえい

7. ぜいたく(사치)

ぜいたく ぜいたく

8. へいきだ(태연하다)

へいきだ へいきだ

9. ふうけい(풍경)

ふうけい ふうけい

10. めいわく(성가심)

めいわく めいわく

정답 ✚●◆✕✸

1. 에-가	2. 토케-	3. 요테-	4. 에-고	5. 우ㅁ메-
6. 스이에-	7. 제-타쿠	8. 헤-키다	9. 후-케-	10. 메-와쿠

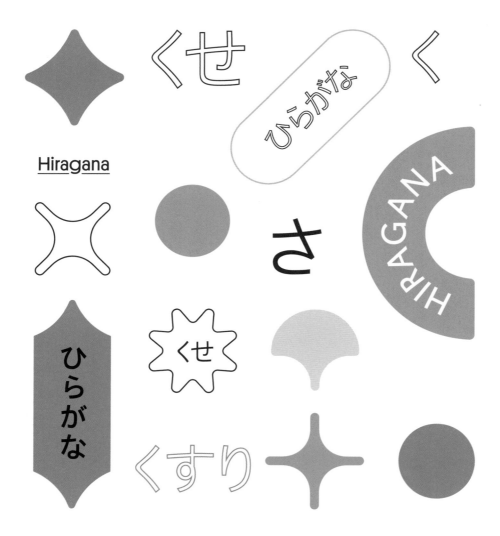

Hiragana

촉음처럼 발음하는 く

く 뒤에 さ행 글자가 오는 경우, '쿠'로 정확하게 발음하지 않고 살짝 'ㅋ' 소리만 내거나
촉음처럼 발음하는 경우가 많습니다. 예를 들어 くすり를 글자 그대로 읽으면 [쿠스리]이지만
실제로는 く를 약하게 하여 [ㅋ스리]와 같이 읽습니다.

연습문제

다음 일본어 단어를 우리말 발음으로 적어보세요.

1. かくさ(격차)

かくさ　かくさ

2. たくさん(많음)

たくさん　たくさん

3. あくしゅ(악수)

あくしゅ　あくしゅ

4. がくせい(학생)

がくせい　がくせい

5. こくさい(국제)

こくさい　こくさい

6. ふくしゅう(복습)

ふくしゅう　ふくしゅう

7. はくさい(배추)

はくさい　はくさい

8. どくしょ(독서)

どくしょ　どくしょ

9. やくそく(약속)

やくそく　やくそく

10. はくしゅ(박수)

はくしゅ　はくしゅ

정답 ✦●◆✕❋

1. 카쿠사	2. 타쿠사ㄴ	3. 아쿠슈	4. 가쿠세-	5. 코쿠사이
6. 후쿠슈-	7. 하쿠사이	8. 도쿠쇼	9. 야쿠스	10. 하쿠슈

Katakana ✹ Pop ✦ Quiz

가타카나 오십음도 표를 참고하여 해당 글자를 찾아 다섯 개의 빈 칸에 채우고 익혀 봅니다.

アカサタナハマヤ●ワン

イ●シチニヒミ リ

ウクスツヌ✹ムユル

エケ✦テネヘメレ

オコソトノホモ✦ロヲ

Japanese

Katakana

カタカナ

가타카나

히라가나는 고유 일본어를 표기하는 문자, 가타가나는 외래어를
표기하는 문자를 말하는데요. 히라가나는 모양이 둥글고 흐르는 듯한
느낌을 주고, 가타가나는 히라가나에 비해 각진 모양이에요.

✦ ● ◆ ✕ ❋

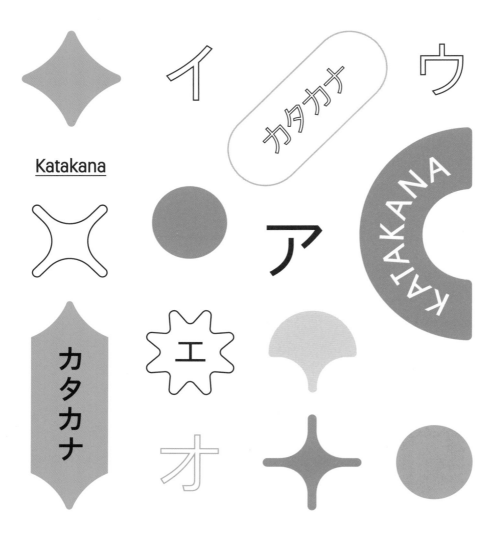

Katakana

カタカナ (가타카나)

가타카나는 모양만 다를 뿐 히라가나와 읽는 방법은 동일하게 적용됩니다. 한 가지 다른 점이라면 가타카나로 표기된 단어에서는 'ー' 이렇게 생긴 가로선을 볼 수 있는데요. 이는 장음 표시로 앞 글자를 길게 읽으라는 표시입니다.

ア

아
a

ア	ア				
ア	ア				
ア	ア				
ア	ア				
ア	ア				
ア	ア				
ア	ア				
ア	ア				
ア	ア				

イ　i

イ
イ
イ
イ
イ
イ
イ
イ
イ

ウ

u

ウ	ウ			
ウ	ウ			
ウ	ウ			
ウ	ウ			
ウ	ウ			
ウ	ウ			
ウ	ウ			
ウ	ウ			
ウ	ウ			

ㅗ 에 e

ㅗ ㅗ

ㅗ ㅗ

ㅗ ㅗ

ㅗ ㅗ

ㅗ ㅗ

ㅗ ㅗ

ㅗ ㅗ

ㅗ ㅗ

ㅗ ㅗ

155

才 才

一 丁 才

才 才
才 才
才 才
才 才
才 才
才 才
才 才
才 才
才 才

力 カ
ka

コ カ

カ カ

カ カ

カ カ

カ カ

カ カ

カ カ

カ カ

カ カ

カ カ

キ キ

キ ki

ク
ku

ノ ク

ク	ク				
ク	ク				
ク	ク				
ク	ク				
ク	ク				
ク	ク				
ク	ク				
ク	ク				
ク	ク				

ケ　케　ke

ノ ケ ケ

ケ ケ
ケ ケ
ケ ケ
ケ ケ
ケ ケ
ケ ケ
ケ ケ
ケ ケ
ケ ケ

サ　sa

1→ ↓2 ↓3

一　十　サ

サ サ

サ サ

サ サ

サ サ

サ サ

サ サ

サ サ

サ サ

サ サ

シ

シ

시

shi

1 ー 2 ニ 3 シ

シ	シ							
シ	シ							
シ	シ							
シ	シ							
シ	シ							
シ	シ							
シ	シ							
シ	シ							
シ	シ							

ス す
su

1 フ 2 ス

ス	ス				
ス	ス				
ス	ス				
ス	ス				
ス	ス				
ス	ス				
ス	ス				
ス	ス				
ス	ス				

セ

세

se

2 ↓ 1 →

1 ㇇ 2 セ

セ	セ
セ	セ
セ	セ
セ	セ
セ	セ
セ	セ
セ	セ
セ	セ
セ	セ

ソ　ソ
ソ　ソ
ソ　ソ
ソ　ソ
ソ　ソ
ソ　ソ
ソ　ソ
ソ　ソ
ソ　ソ

タ　タ　[타] ta

ノ　ク　タ

タ	タ		
タ	タ		
タ	タ		
タ	タ		
タ	タ		
タ	タ		
タ	タ		
タ	タ		
タ	タ		

チ 치 chi

チ チ
チ チ
チ チ
チ チ
チ チ
チ チ
チ チ
チ チ
チ チ

ツ　츠　tsu

ツ	ツ		
ツ	ツ		
ツ	ツ		
ツ	ツ		
ツ	ツ		
ツ	ツ		
ツ	ツ		
ツ	ツ		
ツ	ツ		

テ 테 te

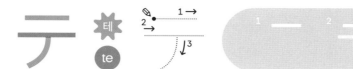

テ	テ				
テ	テ				
テ	テ				
テ	テ				
テ	テ				
テ	テ				
テ	テ				
テ	テ				
テ	テ				

ㅏ 토 to

ナ

na

ナ ナ
ナ ナ
ナ ナ
ナ ナ
ナ ナ
ナ ナ
ナ ナ
ナ ナ
ナ ナ

ヌ **nu**

1 →
2 ↓

フ ヌ

ヌ	ヌ			
ヌ	ヌ			
ヌ	ヌ			
ヌ	ヌ			
ヌ	ヌ			
ヌ	ヌ			
ヌ	ヌ			
ヌ	ヌ			
ヌ	ヌ			

ネ　ネ　ne

1　2　3　4
ウ　オ　ネ

ネ　ネ
ネ　ネ
ネ　ネ
ネ　ネ
ネ　ネ
ネ　ネ
ネ　ネ
ネ　ネ
ネ　ネ

ㅗ
no

ヒ　ひ　hi

ヒ　ヒ
ヒ　ヒ
ヒ　ヒ
ヒ　ヒ
ヒ　ヒ
ヒ　ヒ
ヒ　ヒ
ヒ　ヒ
ヒ　ヒ

フ　フ　フ　フ　フ

フ

フ

フ

フ

フ

フ

フ

フ

フ

179

へ

へ
he

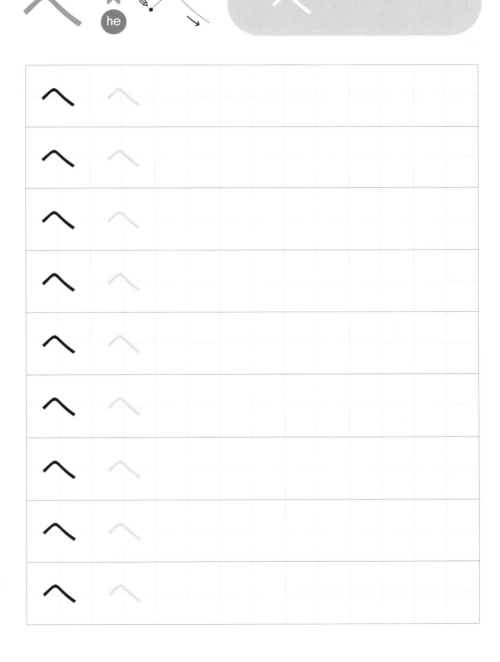

ホ　호 ho

一　ナ　オ　ホ

ホ　ホ
ホ　ホ
ホ　ホ
ホ　ホ
ホ　ホ
ホ　ホ
ホ　ホ
ホ　ホ
ホ　ホ

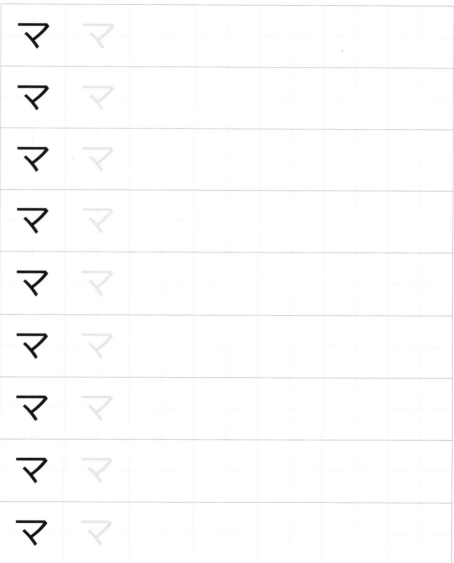

ㅿ 무 mu

メ 메 me

モ

mo

モ モ

モ モ

モ モ

モ モ

モ モ

モ モ

モ モ

モ モ

モ モ

ヤ 야 ya

ヤ ヤ

ヤ ヤ

ヤ ヤ

ヤ ヤ

ヤ ヤ

ヤ ヤ

ヤ ヤ

ヤ ヤ

ヤ ヤ

ㅋ 유 yu

ㅌ

yo

ラ　ラ　라　ra

1 —　2 ラ

ラ	ラ		
ラ	ラ		
ラ	ラ		
ラ	ラ		
ラ	ラ		
ラ	ラ		
ラ	ラ		
ラ	ラ		
ラ	ラ		

リ　리　ri

1↓　2↓

1 | 　2 リ

リ	リ		
リ	リ		
リ	リ		
リ	リ		
リ	リ		
リ	リ		
リ	リ		
リ	リ		
リ	リ		

ル　루　ru

ノ　ル

ル	ル	
ル	ル	
ル	ル	
ル	ル	
ル	ル	
ル	ル	
ル	ル	
ル	ル	
ル	ル	

ワ

ワ

わ

wa

ワ

ワ	ワ			
ワ	ワ			
ワ	ワ			
ワ	ワ			
ワ	ワ			
ワ	ワ			
ワ	ワ			
ワ	ワ			
ワ	ワ			

ヲ

ヲ　ヲ

ヲ　ヲ

ヲ　ヲ

ヲ　ヲ

ヲ　ヲ

ヲ　ヲ

ヲ　ヲ

ヲ　ヲ

ヲ　ヲ

ン ン
ン ン
ン ン
ン ン
ン ン
ン ン
ン ン
ン ン
ン ン

여러가지 외래어 발음 표기법

히라가나의 요음과 같은 원리로 가타카나에서는 더욱 다양한 외래어 발음을 표기할 수 있습니다.

ウェ
we

シェ
she

ジェ
je

チェ
che

ティ
ti

ティ ティ ティ ティ
ティ ティ ティ ティ

ファ
fa

ファ ファ ファ ファ
ファ ファ ファ ファ

フィ
fi

フィ フィ フィ フィ
フィ フィ フィ フィ

フェ
fe

フェ フェ フェ フェ
フェ フェ フェ フェ

フォ
fo

フォ フォ フォ フォ
フォ フォ フォ フォ

헷갈리는 글씨! ツ·シ·ソ·ン **구분법**

각 글자를 히라가나와 겹쳐보면 어떤 글자인지 구분하기 쉽습니다. 글자의 모양을 자세히 살펴보세요.

ツ(つ)와 ソ(そ)를 쓸 때는 가로선에 맞춰 위에서 아래로

シ(し)와 ン(ん)을 쓸 때는 세로선에 맞춰 왼쪽에서 오른쪽으로

다음 일본어 단어를 우리말 발음으로 적어보고 어떤 뜻일지 추측해 보세요.

1. バス

....

バス　バス

3. ミルク

....

ミルク　ミルク

5. ノート

....

ノート　ノート

7. セット

....

セット　セット

9. シャツ

....

シャツ　シャツ

11. シャワー

....

シャワー　シャワー

2. ナイフ

....

ナイフ　ナイフ

4. クラス

....

クラス　クラス

6. ラジオ

....

ラジオ　ラジオ

8. ホテル

....

ホテル　ホテル

10. ケーキ

....

ケーキ　ケーキ

12. コーヒー

....

コーヒー　コーヒー

13. サンダル

サンダル　サンダル

14. ニュース

ニュース　ニュース

15. ヌードル

ヌードル　ヌードル

16. ネクタイ

ネクタイ　ネクタイ

17. フィルム

フィルム　フィルム

18. ファイル

ファイル　ファイル

19. ヨーロッパ

ヨーロッパ　ヨーロッパ

20. アイスクリーム

アイスクリーム　アイスクリーム

21. プロジェクト

プロジェクト　プロジェクト

22. ファッション

ファッション　ファッション

정답 ✚ ● ◆ ✕ ❋

1. 바스(버스)	2. 나이후(나이프. 칼)	3. 미루쿠(우유)	4. 쿠라스(클래스)	5. 노-토(노트)
6. 라지오(라디오)	7. 세스또(세트)	8. 호테루(호텔)	9. 샤츠(셔츠)	10. 케-키(케이크)
11. 샤와-(샤워)	12. 코-히-(커피)	13. 사니다루(샌들)	14. 뉴-스(뉴스)	15. 누-도루(누들.국수)
16. 네쿠타이(넥타이)	17. 휘루무(필름)	18. 화이루(파일)	19. 요-로브빠(유럽)	
20. 아이스쿠리-무(아이스크림)	21. 푸로제쿠토(프로젝트)	22. 화스쇼니(패션)		

연습문제 2

히라가나로 적힌 단어를 가타카나로 바꿔 써보세요.

1. ぱん(빵)

....

ぱん ぱん

2. どあ(문)

....

どあ どあ

3. れじ(계산대)

....

れじ れじ

4. かーど(카드)

....

かーど かーど

5. めーる(메일)

....

めーる めーる

6. びーる(맥주)

....

びーる びーる

7. かふぇ(카페)

....

かふぇ かふぇ

8. げーむ(게임)

....

げーむ げーむ

9. といれ(화장실)

....

といれ といれ

10. じゃむ(잼)

....

じゃむ じゃむ

11. めにゅー(메뉴)

....

めにゅー めにゅー

12. ふぉーく(포크)

....

ふぉーく ふぉーく

13. すぷーん(숟가락)

すぷーん すぷーん

14. すーぱー(슈퍼)

すーぱー すーぱー

15. じゅーす(주스)

じゅーす じゅーす

16. すぽーつ(스포츠)

すぽーつ すぽーつ

17. すりっぱ(슬리퍼)

すりっぱ すりっぱ

18. ぽけっと(포켓)

ぽけっと ぽけっと

19. そふぁー(소파)

そふぁー そふぁー

20. でぱーと(백화점)

でぱーと でぱーと

21. たくしー(택시)

たくしー たくしー

22. ちぇっく(체크)

ちぇっく ちぇっく

23. すいっち(스위치)

すいっち すいっち

24. さーびす(서비스)

さーびす さーびす

25. ぱーてぃー(파티)

ぱーてぃー ぱーてぃー

26. ぷれぜんと(선물)

ぷれぜんと ぷれぜんと

27. ねっくれす(목걸이)

ねっくれす　ねっくれす

28. だいえっと(다이어트)

だいえっと　だいえっと

29. ぱすぽーと(여권)

ぱすぽーと　ぱすぽーと

30. ぼーるぺん(볼펜)

ぼーるぺん　ぼーるぺん

31. さんどいっち(샌드위치)

さんどいっち　さんどいっち

32. いんたびゅー(인터뷰)

いんたびゅー　いんたびゅー

33. ほーむぺーじ(홈페이지)

ほーむぺーじ　ほーむぺーじ

34. うぇぶさいと(웹사이트)

うぇぶさいと　うぇぶさいと

35. すけじゅーる(스케줄)

すけじゅーる　すけじゅーる

36. こんぴゅーたー(컴퓨터)

こんぴゅーたー　こんぴゅーたー

정답 ✚●◆✖✲

1. パン	2. ドア	3. レジ	4. カード	5. メール
6. ビール	7. カフェ	8. ゲーム	9. トイレ	10. ジャム
11. メニュー	12. フォーク	13. スプーン	14. スーパー	15. ジュース
16. スポーツ	17. スリッパ	18. ポケット	19. ソファー	20. デパート
21. タクシー	22. チェック	23. スイッチ	24. サービス	25. パーティー
26. プレゼント	27. ネックレス	28. ダイエット	29. パスポート	30. ボールペン
31. サンドイッチ	32. インタビュー	33. ホームページ	34. ウェブサイト	35. スケジュール
36. コンピューター